改變潛意識，成就美好現實

用量子力學實現願望的11個法則

「量子力学的」願望実現の教科書
潜在意識を書き換えて思考を現実化する11の法則

量子力學教練 高橋宏和 著 ／ 楊鈺儀 譯

前言

你會拿起這本書，是因為有以下的願望嗎？

- 想變得更富有，獲得幸福。
- 想吸引來理想的伴侶，過著幸福的婚姻生活。
- 想在工作上大獲成功，增加更多收入。
- 想變得健康有活力，每天都過得歡欣愉悅。
- 想將理想化為現實，實現願望。
- 想擁有更多自由的時間，去做想做的事情。

如果你有這些願望，這本書對你來說，完全就是「能一一實現夢想的魔法教科書」。

我以前在工作或私生活中都過得不順利。

最初結婚時，與前妻不合，每天都受到指謫，被說成是「連水蚤都不如」。於是四年後我們就離婚了。

在工作方面也是，若是工作做不出來就會被上司指謫沒用。面對不擅長或不想做的工作，每天都要加班到很晚，過著悶悶不樂的日子。

而且我還只是三十多歲的上班族，完全存不到錢，銀行戶頭裡只有幾十萬日幣，過著很清貧的生活。我心煩地想著，這樣下去真的好嗎？

我每天都鬱鬱寡歡地煩惱著：「為什麼人生會這麼痛苦呢？」「不能活得更幸福些嗎？」「有沒有什麼方法可以讓人生好轉起來呢？」然後在這之中，我想著：「難道沒有什麼突破口嗎？」並且看了各類型的書、參加了講座及演講，就為了去尋找有沒有可以變得更幸福的生活方法。

不僅是自己擅長的領域，我依次看遍各種類的書，包括腦科學、心理學、哲學、宗教學等，學習世界上成功者的生活方式與思考方法。

接著我注意到了一件事。

那就是「不論是在哪一個領域中，都有共通的思考方法及法則」。

過去各領域的研究者、學者、專業人士、專家，以及成功者、偉人在深究專業技術或人生時，最終所得出的結論，其實都是一樣的。不論是哪一個領域，其共通的思考方式與法則都是很本質性的，都是支配這個宇宙的原理、原則。只要遵循這個原理、原則而活，就能戰勝人生。

我在自己身上做測試，遵循那些法則或原理原則而活。

結果依序解決了金錢、工作、人際關係等各種各樣的煩惱，走上了如我所願的理想人生。

例如我實現了以下的夢想。

- 只花了一個月就吸引來理想的伴侶，過著幸福的婚姻生活。
- 住進了直接連通到車站的高塔式住宅大樓，獲得理想又便利的舒適生活。
- 在商業上獲得成功，即便沒有雇用工作人員，也達成了一個月營業額千萬日幣。
- 達成著作一刷就暢銷一萬七千本。
- 沒有大傷及疾病地健康過日子。
- 擁有自由的時間，能在想做的時候做想做的事。
- ＬＩＮＥ的追蹤者只花兩年就達到了十二萬人，YouTube的訂閱者則超過三萬人。

並且我發現了可以用量子力學來解釋清楚此前所學過的成功思考方式與法則，確立了「量子力學教練®」這個以最尖端科學的指導方式，在講座以及演講會上教導超過數千人後，也陸續出現同樣實現願望的人。

即便只挑選出其中幾人，也能獲得如下令人感到欣喜的回應。

- 銀行存款只剩下一百三十七日圓，但幾天後就有兩億日圓匯了進來。
- 明確知曉自己的使命或願景，在創業第一年就達成了一年銷售額一千三百萬日圓。
- 只花了一個星期就吸引來理想的戀人。
- 拓展了人脈，在異性中變得很受歡迎。
- 從幾乎沒有郵局存款的狀態下，成了兩棟大樓的持有者。
- 每買彩券都必中。
- 只花了一個星期，就實現了在好萊塢電影中以演員出道的夢想。
- 不再煩躁與煩惱，一直都能過著安穩又幸福的生活。

看了這些體驗談後，各位覺得如何呢？

或許會湧現出許多想法吧，像是：

「真羨慕啊……」

「我是不可能的。」
「只是運氣好罷了。」
「反正就是一定要努力對吧？」

不管各位怎麼想，閱讀本書，應該都是因為你也「有想吸引些什麼、想實現的願望」。而且應該也有人是此前閱讀了許多啟發自我的書，或是去過啟發自我的講座。

在這世界上，充斥著很多資訊，不缺學習成功法則與技巧的方法，像是：

- 吸引力法則
- 成功哲學與成功技巧
- 人際關係相關技巧
- 在商場上賺錢的方法
- 投資、打造資產的內容

可是，學習到這些知識的人與成功者的人數是否相同？

答案是NO。

實際上，世界上的成功者只有少數。

那麼為什麼會有能成功的人與不能成功的人呢？

那是因為「知道」「去做」「做到」「做到更多」是完全不同的次元。不論學習了多少各種技巧與成功哲學，單只是知道是不會有結果的。能成功的人與不能成功的人——其中關鍵性的差異，就是是否能理解「為什麼會發生吸引這樣的現象呢？」以及能否直率地去做。

能陸續吸引來自己願望的人能理解吸引力法則的機制，所以可以百分百相信「做了A就能得到B」的法則。

那麼為什麼他們能理解呢？並不是靠感覺然後莫名地有所體驗，而是因為能從邏輯上去理解為什麼願望會實現。

例如「物體會朝地面落下」這個現象。

所有人應該都透過某種形式體驗過這個現象吧。

而關於「物體為什麼會落下呢」的原因，大家都知道是「牛頓萬有引力法則」，或是「因為有重力」。

對於右腦用感覺去理解的事物，人在用左腦去進行邏輯性地理解時，也就是處在右腦（感性事物）與左腦（邏輯性思考）兩方都能理解的狀態下，才會「信服」。

那麼，要怎麼樣才能找到這樣的法則呢？

在自然界中可以看見許多螺旋結構。

例如植物的葉子會長成如螺旋結構；鸚鵡螺是回轉成漩渦狀；颱風跟銀河系也是迴轉成螺旋狀。而且眾所皆知，DNA是螺旋結構的。包含這些在內，從有許多東西都是螺旋狀的這點來看，應該可以說是普遍的自然法則。

此外，太陽的四周有行星環繞，在微觀世界中，原子周圍也環繞有電子。月球也是環繞在地球四周。不論是在微觀世界還是宏觀世界中的運動都很相似。

就像這樣，在微觀世界與宏觀世界中都有類似的構造關係就稱為碎形構造。而若是能找出各種事物中共通的部分，就能發現自然的法則。

也就是說，只要將世界上的成功法則與實現願望的方法與科學性理論（在此是以量子力學的觀點）相連結並進行理解，點與點之間就會相連成線，就能統整起各位此前所學的成功法則，或雖然此前大家都知道零散的知識、經驗，由此才能有「信服」的感覺。

出現在之前體驗談中人們的說法，是在完全相信吸引力法則的機制與實現願望的機制下，實踐了基於使用量子力學這類科學性指導手法的方法（這就稱做量子力學教練®）而獲得的結果。

同樣的，你的心願也是只要學習、實踐了使用了量子力學的科學性願望實現法，就能解決如今所懷抱的各式問題與煩惱，轉眼間就能實現願望了。

我以前沒錢、沒人脈、工作也沒成就，被說是「連水蚤都不如」，但像這樣的我是如何能陸續實現夢想的呢？而為什麼又會不斷出現依靠量子力學教練的指導就同樣能實現願望的人呢？

本書中我會用簡單易懂的方式告訴大家我在過去二十年間，研究了腦科學、心理學、哲學、宗教學等，具有高再現性的高願望實現法，同時用比喻的方式解釋量子力學這個科學性的理論。

我期望，透過本書，你也能依次實現願望，獲得理想的人生。

目錄

特別專欄

你是什麼類型的？四種不同類型・實現願望法 169

法則 7

【影響力法則】

只要改變來往的人，自己的未來也會改變 188

法則 11

【目的法則】只要明確人生的目的，就能加速實現願望 249

第一章

一切都是能量

什麼是量子力學？

說起來，量子力學到底是什麼東西？

乍聽到量子力學這個詞語，或許會覺得看起來似乎很難懂。可是在我們的生活中，這卻是非常貼近我們的存在。例如手機與電腦等都是因為半導體技術的發展才能普及到全世界，但這個半導體技術是量子世界的隧道效應，這個是像多啦Ａ夢穿透環般，活用了電子穿透牆壁的現象。此外，我們也知道，ＤＶＤ、雷射光、數位相機等也是沒了量子力學理論就不會有的東西。而且像是量子電腦與量子遙傳技術等，也是今後備受期待發展的技術。

物理學能大致分為兩類。一類是古典力學，另一類就是量子力學。古典力學是在探究眼睛可見的宏觀世界中所成立的自然法則。例如預測球在拋物線上描繪出的軌跡、蘋果落下的現象等都能在宏觀世界中獲得確認。說明這些運動法則的就是古典力學。

另一方面，量子力學則是探究在眼睛看不見的微觀世界中成立的自然法則。例如把蘋果切細碎後會變成怎麼樣？沒錯，就是會變成蘋果汁吧。果汁幾乎都是由水分所構成。若將水分子H_2O再做更細的分解，就是由兩個氫原子H與一個氧原子O所構成的。

原子的中心有原子核，其周遭有層層環繞的電子。**所有的物質若都變得細碎就會不斷被分子化，分子是由原子所構成的，原子是由電子、中子、質子所組成。**而中子以及質子中又有三個被稱為夸克的基本粒子。基本粒子是構成物質的最小單位，無法被分割得更小了。

我們穿的衣服、用的電腦、住的房子、用的身體其實在微觀世界中，**都是同樣由基本粒子所構成的。**

一想到所有物質都是由同樣的基本粒子所構成的就很神奇吧。

構成我們身體的基本粒子以及構成衣服、家具、房子等的基本粒子是相同的，這點或許很令人難以置信。

若想著因著基本粒子的組合，就成為了植物、動物、人類、各種事物，那麼這個宇宙中的各種生命、動物、植物、人類也都是在看不見的基本粒子海洋中有所連結的。

就像這樣，探究原子、電子、基本粒子等眼睛看不見的微觀世界裡的自然行動的學問，就是量子力學。亦即，量子力學可說是在解釋眼睛看不見的世界。

〔物質的構成（參考：東京大學基本粒子物理國際研究中心提供）〕

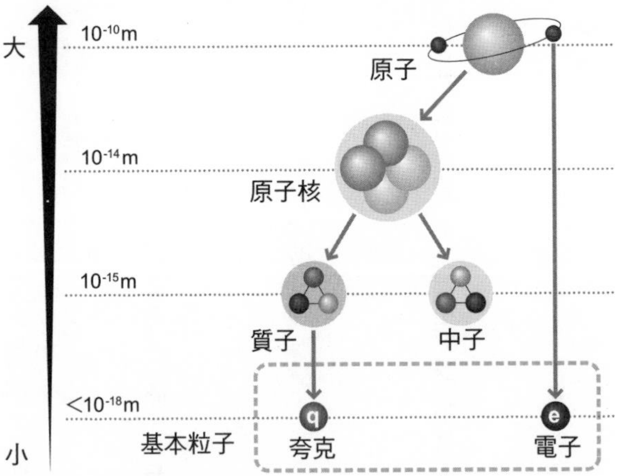

一切都能用能量來說明

關於量子力學的量子，指的就是同時擁有粒子與波的性質，是非常小的物質或能量的最小單位。亦即所有的根本都是由能量所構成的。

若簡單地思考一下這個世界的構成，情況會是如何的呢？

應該就是能分成可以**看見的世界以及看不見的世界**吧。

例如，可以看見的世界是東西或物質等有質量，可以用愛因斯坦的質能等價公式來說明。

愛因斯坦從狹義相對論中導出了以下的公式：

$E = mc^2$

E是能量，m是物質的質量，C是則表示光的速度。

這個公式的意思是有能量的東西可以變換成物質，物質可以轉換成能量。亦即，有質量的東西可以透過這個公式得知能量有多少。

光速是一定的，也就是每秒約三十萬公里，所以能量與物質的質量是成正比的。

再舉一個例子。一克的一日圓硬幣的能量是〇．〇〇一公斤X秒速約三十萬公里的平方，所以有約九十兆焦耳【J】的能量。落在廣島的鈾（Uran）型原子彈的能量據說有六十~七十兆焦耳。**因此約是原子彈的一．五倍**。

若是像這樣思考，只要量體重，就也能知道你所擁有的能量有多少。若用相同的計算方法來計算，你可是擁有非常多的能量。

也就是說，所有有質量的東西，只要量一下有多重，就能知道有多少能量。

那麼，我們要如何才能知道看不見的世界的能量有多少呢？

愛因斯坦在一九〇五年時提出了光量子假說，他表示：「光會分散成一顆一顆的粒子存在於空間中。」接著在一九二三年，美國的物理學家阿瑟・康普頓（Arthur Holly Compton）因著光碰撞在金屬上時所放射出的康普頓效應，而從能量公式證明了光的粒子性。

散成一粒一粒的光粒子碰撞到金屬時所放出的能量，可以用以下公式表示。

$E = hv$

E是能量，h是普朗克常數，v（nu）是頻率。

h是普朗克常數，數值一定，所以能量就是與頻率成正比。頻率是一秒內波振動的次數，也可以說是振動數。從這則公式可以得知，振動數或是頻率數愈高，能量就愈高；振動數或頻率數愈低，能量就愈低。

例如在跳繩時，若一秒內轉動多次，頻率數就會變高，能量也會提高。若慢慢轉動繩子，能量就會變低。

眼睛所看不到的世界，就是可以像這樣用能量與頻率的公式來表現。眼睛所看不到的世界，X光、紅外線、紫外線等電磁波因為沒有實體，但有著像波那樣的性質，所以能用頻率來表現。

我們再將看得見的世界與看不見的世界做些分類吧。

以人類的觀點來說，看得見的世界就是肉體，看不見的世界就是心靈或感情。肉體肉眼可見，所以能用質量的公式來表現，但心靈是肉眼不可見的，所以能用頻率的公式來表現。

我們的世界能看到的東西就是金錢、房子、衣服等這類物質性的東西。另一方面，看不見的是意識、感情、思考等精神性的東西。從這點來看，也可以說看得見的世界是物質世界，看不見的世界是精神世界。

在陰陽學中，看得見的世界是「形」，看不見的世界是用「氣」來表現，所以看得見的世界可以用陽、看不見的世界可以用陰來表示。

只要用物理學來解釋說明看得見的世界與看不見的世界，就能明白，《般若心經》中所說的色即是空，甚至是此世與彼世，全都可以用這兩種能量來表現。

看得見的世界……$E = mc^2$

看不見的世界……$E = hv$

將看得見的世界與看不見的世界做出分類、統整後，就會成為如下頁圖表所示。

只有百分之五的意思

看到「5％」這個數字時，各位會覺得這是什麼數字呢？

這可不是我的體脂肪率喔！（笑）

其實，這個5％指的是這個宇宙中看得見的世界的比例。

根據東京大學宇宙線研究所的研究資料得知，**這個宇宙中肉眼可見的物質只有5％**。剩下**27％看不到的物質就被稱為Dark Matter**，而68％看不見的能量則被稱為**Dark energy**。若翻成中文，Dark Matter就是暗物質，而Dark energy則是暗能量。順帶一提，我現在的體脂肪約是27％，如暗物質般看不見的脂肪就沾附在我的肚子周圍（笑）。

〔看得見的世界與看不見的世界〕

看得見的世界 visible	看不見的世界 invisible
粒子	波
量	質
$E=mc^2$	$E=h\nu$
肉體	心
陽	陰
金錢、房子、衣服等	意識、感情、思考等
物質世界	精神世界
色	空
形體	氣
此世	彼世

一聽到暗物質、暗能量，或許會讓人覺得是出現在電影或漫畫中的反派或是暗黑組織。或許是因為出自這樣的想法，一旦說到「暗」「暗黑」，有人可能就會想像這個宇宙是受到黑暗勢力或黑暗組織所支配的。

但是請放心！不論是暗物質還是暗能量都不會為人類帶來威脅。

那麼話說回來，「肉眼可見」指的又是什麼意思呢？

人在看東西的時候能識別顏色。蘋果以及草莓是紅色，晴天是藍色，葉子是綠色，

〔宇宙組成比例（出處：東京大學宇宙研究所 XMASS 資料）〕

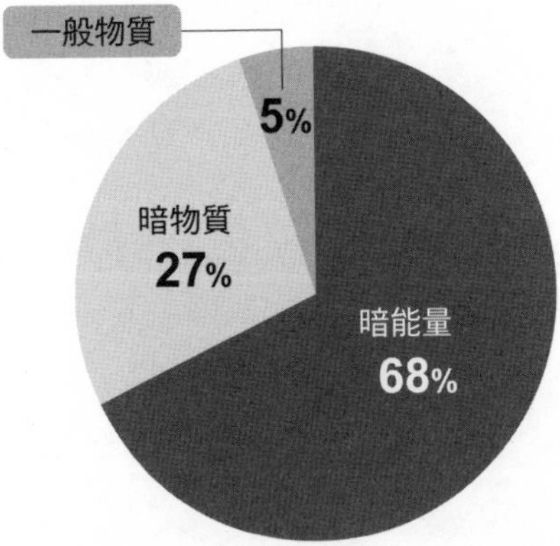

檸檬是黃色，我們能看到這些顏色。

那麼，我們為什麼會看到呢？

那是因為物體在受到太陽或螢光燈等光線時，只會反射特定的光，而那反射的光通過視網膜後會轉變成電訊號，然後在大腦中映射出形象。

眼睛中有細胞（視覺細胞），肩負著如傳感器般的任務，負責判別藍色、綠色、紅色的光，感知各種顏色的光並以比例來決定顏色。

例如若視覺細胞感知進入眼睛的光只有

〔眼睛能看得見的機制〕

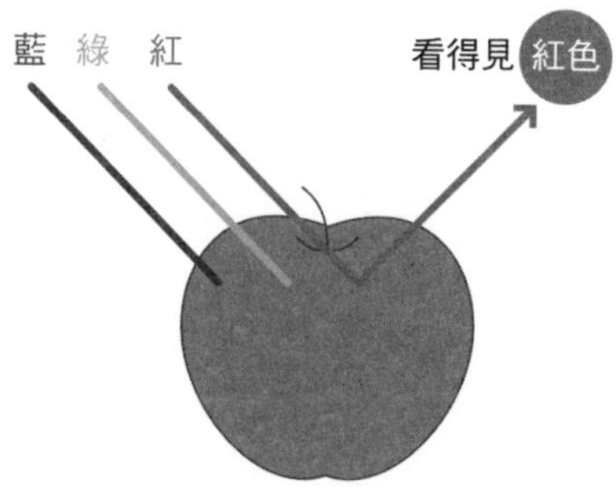

藍色的，就會判定是藍色；若感知到有綠色與紅色兩者，就會判定是黃色；若藍綠紅全都感知到了，就會判定是白色；若藍綠紅都沒感知到，就判定是黑色。因為是透過藍、綠、紅的光來判定顏色，所以藍、綠、紅就被視為是光的三原色。蘋果之所以看起來是紅色的，是因為蘋果只反射了紅色的光。

另一方面，「肉眼看不見」指的是，就算照了光，也完全不會反射，從地球無法觀測到，所以是完全黑暗的。亦即，雖能確認有暗物質或暗能量的存在，但以現今的觀測技術，還不能做出光學性的觀察，所以仍是不知其真實樣貌的。

眼睛雖能看得見會反射光的物體，但**也有不會反射光、完全黑暗的物質或能量，所以就命名為暗物質以及暗能量**。

那麼為什麼無法觀察到我們卻還知道有這些東西存在呢？

原因就在於牛頓的萬有引力法則。

萬有引力法則是在說，所有的物質只要具有質量，**彼此間就會因為肉眼不可見的引力相互拉扯著**。例如你和你所使用的電腦間、你和電視間、你和家人們之間也有著雖看不見，彼此卻互相拉扯著的引力。

而且進入一九七〇年代後半後，可以觀測到漩渦狀銀河的迴轉速度分布，雖無法用光觀測到，但也證明了有重力感的物質存在，而這些物質並不是銀河內的明亮星星或星際氣體，宇宙空間上也是一樣，**雖在光學上不可見，但確有著受到銀河系回轉運動引力影響的物質，**這點透過計算也已得知。

無法進行觀測，雖存在有某種東西受到重力的影響，卻不知道那是什麼，於是就稱之為暗物質。此外，暗能量則是指讓宇宙膨脹加速的主要未知能量。這個宇宙幾乎都是由看不見的物質與看不見的能量所構成的。

也就是說，**這個宇宙，只有百分之五的東西是能用科學來解釋說明。剩下的百分之**

九十五則尚未被解明。

同時，人類只能看見電磁波能量特定範圍（三八〇nm～七八〇nm）波長的光，也就是紅、橙、黃、綠、藍、紫等所謂彩虹世界中的可見光。位在紅色外側有紅外線，紫色外側則有紫外線。

那麼，各位能看到紅外線及紫外線嗎？答案是NO。

對我們人類來說，看不見這些可見光線以外頻率的電磁波能量。可是我們知道，蛇能看見紅外線，昆蟲能看見紫外線。即便同樣是生物，能看到的世界卻全然不同呢。

其他還有像是X光以及廣播的頻率（長波、短波等）等各式各樣電波飛散在空中，所以我們幾乎是生活在眼睛看不見的電磁波能量中。

那麼，可見光線與紅外線、紫外線等的電磁波有什麼不一樣呢？

是電磁波的波長不一樣。所謂的「波長」指的是電磁波一段波的長度（高峰與高峰之間，或是低峰與低峰之間的長度）。我們會將這樣不同的長度認定為是不一樣的顏色，或是不一樣的音高。

「光」就廣泛的意義來說，是電磁波的一種。使用在通信上的電波或是使用在遙控器上的紅外線、造成曬傷原因的紫外線等，全都是電磁波，其各自因著被稱為「波長」的東西，也就是波之間不一樣的間隔長度，而有不同的性質。

人的眼睛只能看見有限範圍的波長帶，也就是在這電磁波中被稱做可見光的。這個可見光的波長帶是由藍、綠、紅三種顏色組合起來並被人眼所捕捉到的。

另一方面，人工衛星又是什麼樣的情況呢？人工衛星搭載有能補捉到紫外線、紅外線、電磁波的感測器，所以能看見人眼發現不了的地球樣貌。

雖然我們理所當然地生活著，但各位是否能輕易理解、接受我們就是被這麼多看不見的電波包圍著而生活的事實呢？

一般來說，人們有只相信眼所能見事物的傾向。可是不論是從宇宙物理學的觀點還是電磁波的觀點來看，在這個世界上，能看到的東西僅有一小部分而已。

而只要接受了幾乎所有事物都是由看不見的世界所組成的這個事實，應該就會知道，理解看不見的世界有多重要了。

這放在人際關係來看，也可說是一樣的。

〔電磁波與能量的關係〕

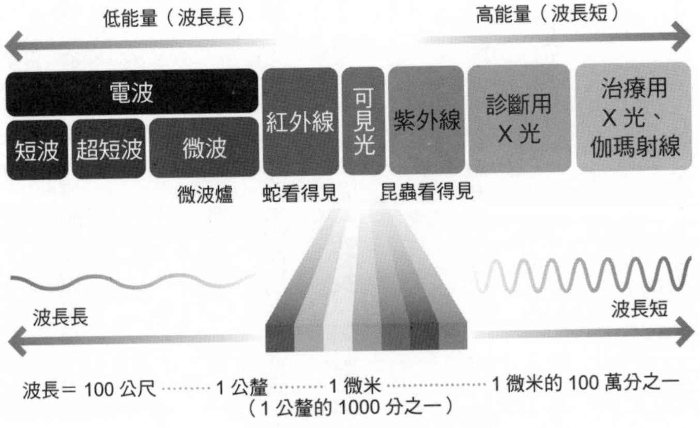

人際關係的問題幾乎都是自己沒有認知到的，很多時候原因都是出在對方身上看不到的部分。

人只會靠表面可見的言行舉止來判斷、評價一個人，但其實，也有可能是在未完全理解對方的當下，就隨便給人貼上「這個人很會惹人生氣」「他是心腸很壞的一個人」的標籤。只要這麼一想就應該要知道，建構人際關係時，不要只單靠一部分看得見的資訊，重要的是有著想要去理解看不見部分的心態。

靈性指的是眼睛看不見的科學，而且是尚未弄清楚的世界。**量子力學正是把看不見的世界當科學來研究的學問**。因此只要使用量子力學，或許也能搞清楚此前人們都沒搞清楚的靈性世界。

也就是說，比起看得見的世界，學習幾乎支配著這個宇宙的看不見世界以及量子力學，或許就能明白這個世界的組成結構，得知在這個世界上自由自在實現夢想與目標的方法。

今後，為了能獲得最棒的理想人生，就來學習「看不見世界的神妙」之處吧。

顯意識與潛意識的奇妙之處

在這宇宙中，「肉眼可見的物質占比為百分之五，看不見的物質與能量占比百分之九十五」這樣的數據，各位有注意到什麼嗎？

其實宇宙的構成與心理學中意識的構成很相似。

在心理學的世界中，意識可以大致分為三類。

第一個是一般我們都會自覺到的顯意識。思考事物、做出判斷、有所期望時，都是在使用顯意識。

第二個是雖沒有自覺卻會影響一言一行的潛意識，也就是所謂的下意識。

而最後則是超越個人，屬於人類共通潛意識領域的集體潛意識。據說是由這三者構成了意識。

此外，依據神經行銷學的世界級權威A．K．普拉迪普（A. K. Pradeep）博士著作《購買的大腦：向潛意識推銷祕訣》（暫譯。*The Buying Brain: Secrets for Selling to the Subconscious Mind*）中針對神經科學的研究寫道：

「人腦在處理資訊時，有百分之九十五都是由潛意識在處理。」

也就是說，人是依著百分之九十五的潛意識在行動的。

而且，潛意識與各位維持生命的機能有很深的關連。

各位是有意識地在眨眼的嗎？
各位的心臟是有意識地在跳動嗎？
感染到病毒後，是有意識地在體內產生出抗體的嗎？

這些當然全都是潛意識在運作，是來自於潛意識的行動。
這些潛意識可以說是為了守護人體而存在的防禦本能。

我們試著來說明更貼近自己的事例吧。
去公司或學校的時候，各位是否記得在玄關前是先穿右腳的鞋子還是先穿左腳的鞋子？
在通勤或上下課的必經之路上，各位是否記得自己是怎麼走路、如何穿越馬路的？
幾乎全都是無意識地在行動，這點大家應該都知道吧。

就像這樣，**潛意識會在無意識中支配各位的行動。**

瑞士的知名心理學者卡爾・榮格（Carl Jung）說：

「若以大型冰山來比喻意識全體，其中有絕大部分都是沉在海裡的潛意識。人類能靠自己意識到的顯意識，是只有露出在海面上一點點的部分。」

不論是宇宙的構成還是意識的構成，能看見的程度只有百分之五，剩下的幾乎都是看不見的部分

各位在公司裡所表現出的自己也只是一小部分的冰山一角，其他人應該幾乎都不知道各位在家中的模樣。

〔顯意識與潛意識〕

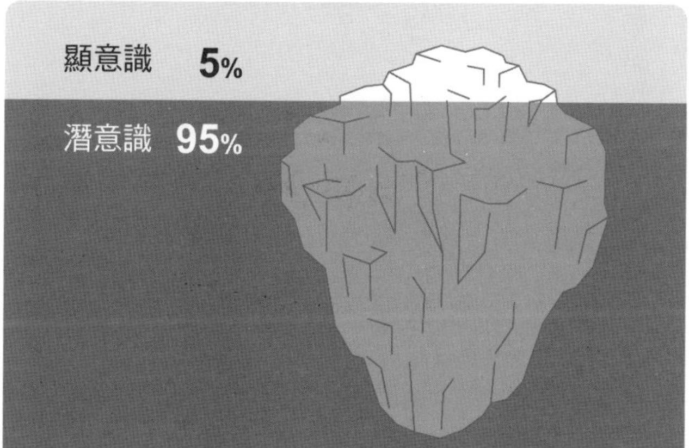

因人而異，或許也有些人有不宜讓家人知道的興趣（笑），只要長大成人後就會出現無法找人商量的煩惱事呢。這麼一想就會知道，或許他人所看見的自己就僅有一小部分而已。

基本粒子是由波與粒子所組成的

各位知道在物理學中被稱為最美實驗的是什麼實驗嗎？

那就是在一八七〇年由英國物理學家湯瑪士·楊格（Thomas Young）所進行的**楊氏雙縫實驗**。

楊格之所以進行這個實驗，是為了證明光的本體是波還是粒子。其內容是在光源與屏幕之間設置雙重的狹縫，確認光是如何行進並在屏幕上映射出來的情況。

依此，出現了光相互重疊，在屏幕上映射出相互干涉條紋的「干涉」現象。

波若相互強化，光就會變亮；若相互消除，就會變暗，所以會形成白、黑條紋模樣的干涉條紋。

從這個實驗中就可以得知，光擁有波的性質。

・高峰與高峰重疊時會相互加強
→螢幕上會變亮
・高峰與低峰重疊時會相互抵消
→螢幕上會變暗

在這之後，英國的物理學者馬克士威（Maxwell）表示說，

〔雙縫實驗〕

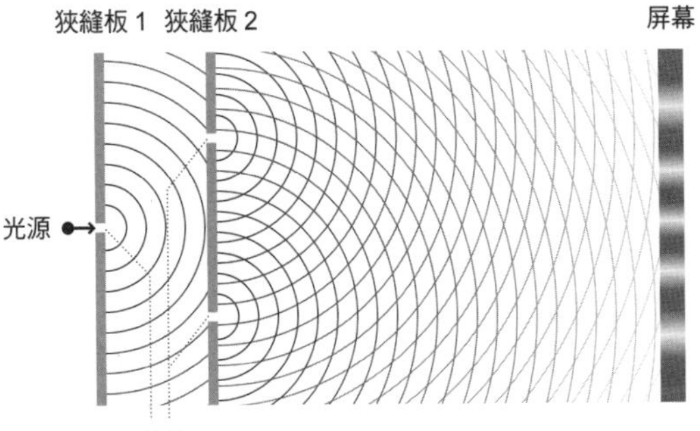

〔波長〕

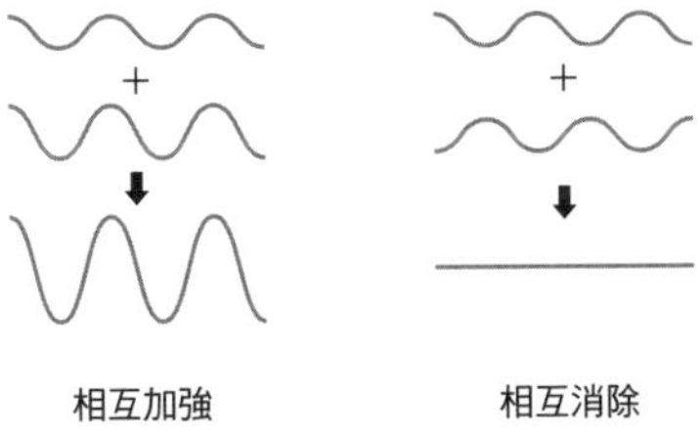

光擁有電磁波這種波的性質，在物理學者間提出了波動說的主張。但愛因斯坦在一九〇五年提出了「光是小塊的能量，是粒子」的光量子假說。一九二三年，美國的物理學者阿瑟・霍利・康普頓（Arthur Holly Compton）證實了這個假說，他得到了一個奇妙的結論，就是光既是波也是粒子。

也就是說，他得知了光具有波與粒子這兩個性質（這稱為雙重性）。

法國的物理學家德布羅意（Louis de Broglie）認為：「像這樣的雙重性質，也適用於被認為是粒子的其他物質吧。」因而得知了符合把應該是

〔用電子槍進行的雙縫實驗〕

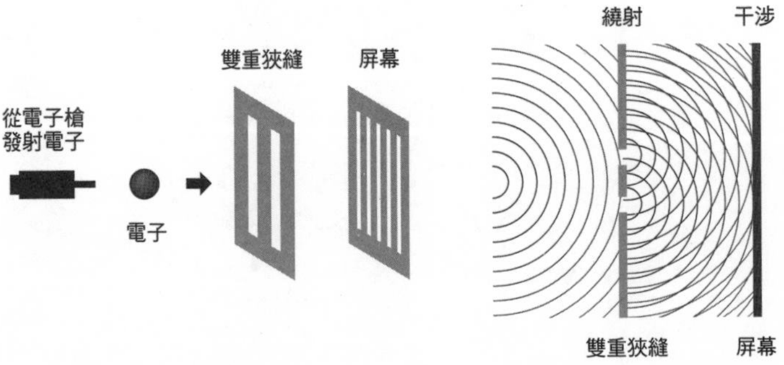

粒子的電子當成波的理論。最後把微粒子看成有波動性，提出了物質波（德布羅意波）。

在技術進步的現代，我們能用一個一個的電子，一一進行與楊格雙縫實驗相同的實驗。在這個實驗中，由電子槍射出一個接一個的電子，電子會通過兩個狹縫（洞），在屏幕上映射出干涉條紋。

而且透過這個實驗，還確認了一個很奇妙的現象，那就是咸認為是粒子的一個電子會同時如有影分身般通過雙重狹縫，製造出干涉條紋來。

但是儘管進行了完全不一樣的實驗，只要放置了觀測裝置，或是由某人去進行觀測，都可以確認

〔波與粒子的觀測問題〕

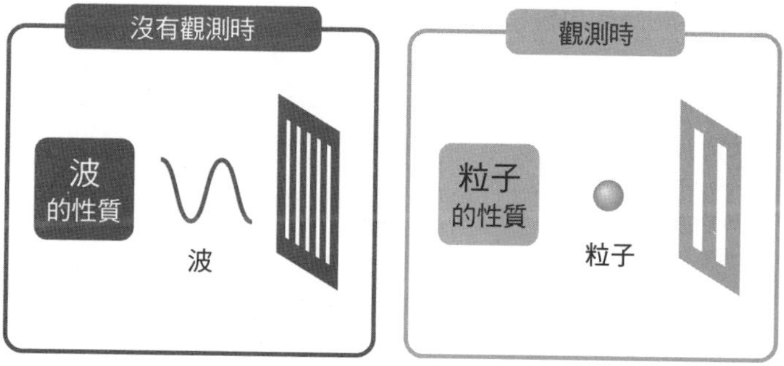

到，干涉條紋沒有映射在屏幕上，電子表現得如粒子般，只在屏幕上留下直線通過兩個狹縫的痕跡。

在沒有任何人在的地方就表現得像波，只要有人觀測就表現得像粒子，從這點來看，可以說，像電子那樣的基本粒子是有著雙重性質的。就像這樣，想要觀測的行為會影響到基本粒子的表現就稱做**觀測問題**。

若用具體的形象來比喻，或許就是類似於「123木頭人」。在沒有人看見的地方，基本粒子會搖搖晃晃地活動著，只要一看向它們，就會停下動作。

感覺很像是上司沒在注意的時候就上網亂逛、拖拖拉拉地在做著工作，但上司有在看的時候就會認真工作（笑）。

沒有人看的時候便是一副懶散的模樣，一旦有人在看時，就會轉變成認真的模樣，若用波與粒子的例子來看，或許就會有同感。

也就是說可以得知，沒被觀測的基本粒子有波的性質，有被觀測的基本粒子則有粒子的性質。從這點上可以說，就量子力學角度能看到的世界有粒子性，而看不到的世界則顯示出了波動性。

誠如到目前為止所說過的，宇宙的構造是由肉眼可見的物質、肉眼看不見的暗物質與暗能量所構成。

電磁波是由肉眼可見的可見光與肉眼不可見的可見光以外電磁波（x光、伽瑪射線、電波等）所構成。

意識是由對人來說能意識到的顯意識，以及無法意識到的潛意識與集體潛意識所構成。

這個宇宙有看得見的世界與看不見的世界，不論是看得見的世界還是看不見的世界，全都是由能量所建構。若從量子力學的觀點來定義這些，可以說就是：

- 看得見的世界＝粒子性

・看不見的世界＝波動性

只要使用這樣的雙重性，就能說明實現願望的機制。

量子力學式實現願望的機制

接下來，終於要來說在量子力學的觀點上，關於實現願望的機制。

基本粒子在被觀測到之前都是擁有波的性質，一旦被觀測到就會變成粒子，這個雙重性我們在前面有提到。

我們可以把意識、想像、思考、情緒等這些肉眼看不見的東西，想成擁有波的性質。另一方面，物質與現實是能夠觀測到的，所以可以說是擁有粒子的性質。

也就是說，意識、想像、思考等肉眼看不見的東西，若被觀測到就會物質化、現實化。

從這點來看，要實現願望，只要「認識．觀測」肉眼看不見的意識、想像、思考，就能將之現實化。

德國物理學家維爾納．海森堡（Werner Heisenberg）以提出不確定性原理而聞名於世，他說：「以波的狀態（可能性領域）去認識有意識的東西或事件時，有可能性的那個東西或事件就會從可能性的領域中出現在物理世界。」

這完全就是在說明事物現實化的機制。

只要使用這個量子力學式的願望實現機制，就能用如下的方式來說明將事物具體化的

〔願望現實化的機制〕

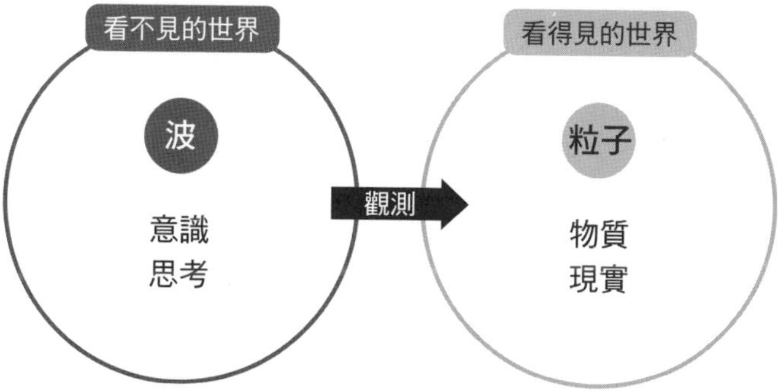

過程。

步驟1：專注意識。

將意識專注在理想的狀態上。

例：將意識專注在想居住的理想之家上。

步驟2：湧現出想像。

只要意識專注，就會湧現出想像。

例：想像出一間有著庭院的白色獨棟建築。

步驟3：開始思考。

只要湧現出想像來，思考就會開始啟動。

例：要建一間有庭院的白色獨棟建築該怎麼做呢？要存多少錢呢？

步驟4：具體行動變得明確。

只要開始思考，對此應該要做的必須事項就會變明確。

例：調查要建造一棟獨門獨院的房子預估要花多少金額。

步驟5：行動。

因著實際做出行動，現實就會接近理想。

例：一個月存十萬日幣，一年就能存一百二十萬日幣。

這就是實現願望的步驟。

人只要重複這樣的步驟，就能將理想化為現實。

就像這樣，一邊舉例使用了量子力學的實驗或現象，一邊學習「支配宇宙的成功法則」，就能驚人地徹底理解實現願望的祕訣——也就是那種感覺與方法。

那麼，從下一章起，我就要來介紹其中的精華。

第二章

實現願望的十一個法則

科學世界的原理原則

我在高中時代，因著父親的調職而轉學到英國的美國學校。在這間學校中，我遇見了可以說是命運般的恩師。

那位恩師是印度人，是位叫做伊斯蘭的物理學老師。說起我在英國的美國學校遇見了印度人伊斯蘭老師，聽起來或許會覺得有點複雜吧（笑）。

伊斯蘭老師教授的物理課非常有趣，我很是著迷於學習自然法則，約持續了兩年都是一天花十四個小時在學習。

最後，我在高中的物理學與數學成績都成了頂尖，在國際規格的教育課程——國際文憑測驗中獲得了專業文憑，在倫敦帝國學院的物理學系中也免除了筆試而合格錄取。

為什麼我能努力學習到那種程度呢？那是因為學習自然法則的物理學實在太有趣了。

而且要說起為什麼我會那麼熱中於物理學，能充滿幹勁地去學習，我認為應該是因為我所受到的國外教育有著和日本教育大不同的特徵。

在現代日本，有學生對理科不感興趣、學習力低下的問題，但那是因為日本偏重記憶知識這方面的知識，老師傾向於教給學生所有答案。

例如在日本教育的理科實驗中，課本上會寫有實驗的步驟與實驗的結果，很多時候學生都是理解了這些並去做實驗的。

可是這樣一來，就難以讓學生知道實驗的有趣與意義。

另一方面，我在英國所學到的物理學實驗，則是伊斯蘭老師以如下的方式對學生提問：

「從公寓三樓把蛋丟下，但請不要讓蛋破掉。好了，來做實驗吧。」

各位覺得，從公寓三樓把蛋丟下來卻不打破它該怎麼做比較好呢？

常見的答案應該是在地面上鋪設柔軟的墊子吧。

若用同樣的問題去問學生，卻會出現各式各樣的點子，像是：

・把蛋放進保麗龍中。
・用報紙包好蛋。
・把蛋裝上降落傘丟下。
・在蛋的周圍加裝彈簧。
・把蛋煮熟後再丟下。

• 用水泥加固雞蛋周圍。

而老師則完全不會告訴學生答案。實際上我到最後也都不知道答案（笑）。

這就是真正的理科實驗。

在科學的世界，首先是會做出假設或理論，接著進行實驗，檢驗那個假說或理論是否正確。不斷進行假說與驗證、構築理論與實驗，最後獲得的檢測結果如果同於假說或理論，就能提出主張說假說或理論是正確的。

在此的重點是，**科學的世界是有再現性的**。

所謂的有再現性，指的就是不論由誰去做、在哪裡做、做幾次，都會獲得同樣的結果。

例如牛頓發現的萬有引力法則。

牛頓看到樹上的蘋果掉了下來，於是思考著為什麼蘋果會掉到地面上呢？

然後他想：「如果以與地面平行的方式來丟蘋果，結果會如何？」

結果當然能想像得到，蘋果會描繪出拋物線然後掉到地面上。

牛頓更接著想：「如果是用要環繞地球一圈的勢頭，把蘋果丟得跟地面平行，那結果會如何？」結果他發現了一件事。

他假定，若是用要繞地球一圈的勢頭來丟蘋果，那是否就會像和繞著地球公轉的月球一樣移動呢？

牛頓發現了作用在蘋果與地球間的力，與作用在月球與地球間的力是一樣的，所有的物質都有著互相吸引的作用力，這個力會引起物品掉落在地球上的現象，因而發現了所謂的萬有引力法則。

所謂的萬有，就是指會作用在所有物質上的法則。

蛋與蘋果也是，不論是由誰來做、在哪裡做、做幾次，都會因為重力而掉落到地面上，應該沒有人是丟下了蘋果卻莫名飛到空中的吧？

地點不論是在日本、中國還是在美國，東西都會往下落，不論時代如何變遷，是在江戶時代也好，平安時代或是彌生時代也罷，都會往下落。

也就是說，**萬有引力的法則有再現性，是普遍的自然法則。**

物理學的英文是Physics，這個字的語源是表示「自然」的希臘文「phusikós」。可以說，物理學就是在探究有再現性的自然法則。

而我想著，在這人生中，是否也有和物理學一樣，有運作著某種法則呢？

其實在這世上，有人做什麼都很順利，也有人做什麼都不順利。成功者陸續實現了願望，獲得了理想的人生。可是另一方面，人生不順遂的人，不論做什麼都不順利。

也就是說，陸續實現願望或多次獲得成功的人，就和萬有引力的法則一樣，是遵循著**支配宇宙的法則**而活，所以不論做什麼都很順利。若把人生想成是遊戲，就有著攻略人生遊戲的規則，只要遵循那個而活，人生應該就能隨心所欲。

我除了學習量子力學，另一方面也接觸了許多經營者以及成功者能獲得成功的共通思考方式，終於將能攻略人生的法則分成了十一種。

本章中，我會簡明地告訴大家攻略人生的法則，以及能實現願望的宇宙法則，同時用類比的方式，解說量子力學這個科學理論。

期望透過本書，你也能攻略人生遊戲，陸續實現願望，獲得理想的人生。

法則
1
吸引力
法則

只要波動改變，現實就會改變

有同樣波動的事物會共鳴，現實就會改變

我們經常會說和那個人氣性相投，或是和那個人氣性不相投。和氣性相投的人在一起，就會感覺心情很好，但和氣性不相投的人在一起，就會覺得彆扭。為什麼會出現這樣的現象呢？

在說明前，我必須要先來說明「氣性相投」中所謂的「氣」是什麼。自古以來，在東洋醫學中就有「氣」的概念，據說在體內有著「氣」會流經的經絡。我們會使用各式各樣的詞

彙來形容「氣」這個眼睛看不到的東西，像是「元氣」「精氣」「骨氣」「勇氣」「景氣」「天氣」。那麼所謂的「氣」，到底指的是什麼呢？

關於「氣」的本體，連最尖端的科學也都尚未闡明，但若從量子力學的觀點來看，可以想成是生命發出的電磁場能量。一切的物質都是由原子所構成，電子則在原子的四周自由飛來飛去。電子只要移動，就會產生電磁場。這個電磁場的能量是否就是「氣」呢？在這宇宙中的所有存在物，其根本都是由能量所形成，所以「氣」可以說是生命發出的能量。

若氣是能量，就能用以下的公式來表現：

$$E = h\nu$$

E 是能量，h 是普朗克常數，所以會形成一定的數值。ν 則是頻率。也就是說，能量是與頻率成正比。

頻率高，波長就短；頻率低，波長就長。從這點可得知，**氣就是能量，則所謂氣性相投、**

氣性不相投，就同於波長合不合。

所有物質都是原子構成的，而原子會因各物質所有的頻率而振動。頻率指的是一秒間振動的次數，所以又稱為**週率**。

例如身邊的物品，像是在買電腦時，大家應該都聽過ＵＰＵ的時脈頻率「GHz（千兆赫）」這個詞彙吧。這個赫茲就是頻率的單位。兆是十億的意思，所以例如ＣＰＵ的時脈頻率是三 GHz 的電腦，就是一秒內會振動三十億次的ＣＰＵ。

不論是人、動物、植物等各種物質（在此所說的物質指的是占空間、有一定分量的）還是光、風、雷、地震等各種自然現象，在看不見的世界中，這些全都有固定的頻率在振動著。

我們稱因著這個振動所產生的波為「波動」，包含人類在內，所有物質可以說都有在發出固有的波動。或許大家會經常在與靈性相關的領域中聽到波動這個詞，但在量子力學中也會使用「波動方程式」這個詞語。波動方程式是用計算公式來表現肉眼不可見微觀世界的基本粒子的移動。

只要解開這個方程式，就能使用波函數，計算出存在機率，得知電子等基本粒子存在於原子的何處。

頻率是將因振動而產生出的波的活動數值化，所以波動指的就是波的活動或是變化過程。一般來說，可以想成是所有東西都會振動，都在發出波動。**包含我們的身體在內，所有東西都在振動著**。而且波動有各式各樣，包括音波、腦波、電波、重力波、地震波、海浪等。

德國物理學家馬克斯・普朗克（Max Planck）在一九一八年獲得了諾貝爾物理學獎，他留下了一句話：**「一切都是振動，都是其影響。現實中不存在任何物質。所有東西都是由振動所構成的。」**

就像這樣，其實所有東西都在振動中這件事，人們早在一百年多前就知道了。

那麼，「現實中不存在任何物質，所有東西都是振動。」這句話是什麼意思呢？我們可以用量子力學最尖端的理論之一「超弦理論」來說明。

所有物質都是由基本粒子所構成的，但或許提到基本粒子，大家會想像成是像圓粒那樣「點」的形狀。可是，依據這個「超弦理論」所說，若更仔細去看電子或夸克，它們不是大型的「點」，而是微小的「弦」的形式，**因著這個弦的振動不同，才會產生出各種基本粒子與物質**。也就是說，構成物質最小單位的基本粒子不是「粒」，而是呈現出像橡皮圈或線頭那樣「弦」的形式，這個「弦」完全就像是小提琴弦那樣振動的模樣。

小提琴的弦會因為振動數不同而演奏出各種各樣的音色。也就是說，不同的音色會產生出各種各樣的基本粒子或物質。

例如在自然界中，發現了上夸克、下夸克、電子、光子等十七種的基本粒子，但使用這個理論更仔細去觀察電子及夸克後，其中就有著如橡皮圈的「弦」或是像線頭般的「弦」，因著這些「弦」的不同振動，就會產生出各種各樣的基本粒子——這麼一說就能簡單理解了。

若假設超弦理論是正確的，就能把這宇宙想像成宛如是各種弦樂器在演奏管弦樂的交響樂般。

這個理論只是假說，以現今的測量技術，還未發現「弦」。話雖這麼說，但超弦理論可以說暗示了所有物質都是因振動而成立的。

將吸引力法則科學化

只要應用「一切都在振動中」這個理論，就能

〔超弦理論〕

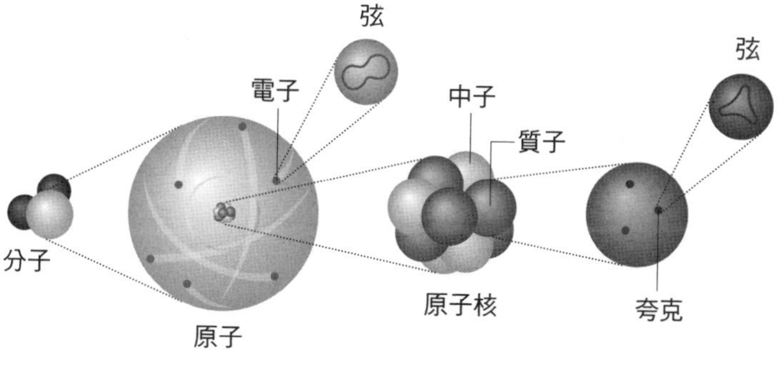

說明這個世界上的所有事物。

在人際交往中，我們經常會說「合拍」「不合拍」，這可以用因為波長相合，引起**共鳴現象**，瞬間縮短了與人之間的距離感，讓彼此關係變好來說明。自我介紹時，若彼此喜歡的電影一樣、興趣一樣、出身地相同，立刻就會湧現出親近感吧？這可以說就是**人際關係中的共鳴現象**。

共鳴現象是「物體若受到了等同於其固有振動數的外部振動刺激，震幅就會增加」的現象，所以在物理學的世界裡也可以說是共振。

例如若發出的聲音與長腳杯固有振動數是相同頻率而引起共振，長腳杯就會破裂。我們也已經確認，若吹的風是與吊橋固有振動數相同，吊橋就會掉下來。從這些事中我們可以知道，長腳杯或吊橋等的物體也都有固有的振動。

其實這個世界上有相同波長或波動的東西會共鳴並物質化。

例如有著相同波長的心臟細胞們會相互吸引聚集成心臟，肺的細胞們會相互吸引聚集起來形成肺。另一方面，器官移植時，因為是他人的臟器，所以也有因波長不合而引起副作用的例子。

各位所使用的桌子、電腦、建物也是由相同波長的原子或分子們相互吸引聚集起來的。各位的**身體也是由基本粒子所構成，所以在微觀世界中是振動著的，可以說也會吸引聚集來有著相同波長的伙伴**。可是各位的身體頻率與桌子或牆壁的頻率波長不合，所以無法與桌子或牆壁合體。

而且我們人類的情況還有會吸引聚集來擁有相同價值觀或思考觀念的人們，出現被稱之**為物以類聚的現象**。也就是說我們可以想成是，在這個世界上的各種東西，若**波長或振動數相同就會共鳴、相互吸引聚集並現實化**。

因著這相同波動而發生的共鳴現象，就是大家所熱議的「吸引力法則」，或是「波動法則」的原理。吸引力法則這個法則是正向的波動會吸引來正向的現象，負面波動會吸引來負面的現象。亦即，**各位所發出的頻率或波動會共鳴，吸引來現實**。

各位若每天的心情都很開心，事情就會順利進行，這點應該不難想像。我想大家應該都有過以下的經驗，像是偶然吸引來一段很好的緣分，或是偶然就發生了好事。

另一方面，若覺得厭煩、煩躁，就會忘記東西、忘了錢包，甚至是持續發生不好的事情，這樣的經驗大家應該也有過吧。愈是煩躁，討厭的事物就愈是會現實化，這完全可以說就是波動的法則。

或許也有人會質疑，真的會發生那樣的事嗎？但情緒與意識是眼睛看不到的，所以只能用 $E = h\nu$ 這樣的能量與頻率來表現。我認為，情緒與意識都是如基本粒子般會振動的能量，是電磁波能量的一種。

這世界中，有著眼睛看不見的電磁波能量在飛來飛去著。

例如電視的電波塔會傳送來各式頻道的電波，我們只要用電視機的遙控器轉去想看節目的頻道（頻率），就能看到某個特定的電視節目了。廣播電台也一樣，會傳送來各式廣播電波，聽眾因著將想聽節目的頻道調到相合的頻率，就能聽到某個特定的廣播節目。

那麼若要改變現實世界又該怎麼做呢？

那就是改變意識的頻道。

不論是看得見的東西、聽得到的聲音還是感受得到的感觸，都和電視及廣播原理相同，可以依著將意識頻道轉向某處就能改變現實。

這是因為，只要將現實世界有目的的合於意識頻道或情感頻率，與意識能量或情感能量產生共鳴，就能吸引來相同的現象。

以腦科學與心理學來闡明吸引力法則

像這樣的吸引力法則可以用腦科學與心理學來做說明。

在人的大腦中有個部位叫網狀活化系統（Recticular Activation System: RAS）。

人類的大腦在透過五感獲得資訊時，會通過ＲＡＳ這個過濾器，只抽出、記憶必要的東西。因為如果記下全部的資訊，大腦就會須要處理大量的資訊，那會超過大腦機能的界限。

例如請尋找一下房間四周的黑色物品。有幾個呢？

其次，白色的物品有幾個呢？

注意到黑色物品時，就只會去識別黑色的東西，所以無法同時去找白色的物品。

同樣的情況在心理學世界中是以「**雞尾酒會效應**」而廣為人知。在站著飲食的宴會上，即便四周都是吵吵鬧鬧的喧嘩聲，也不會聽不到正在和自己說話的對方聲音，而且若是遠方有人叫自己的名字，也會立刻察覺到。

即便是在許多人的閒聊之中，也能自然地聽取到自己感興趣的人的說話以及自己的名字等。人類會處理聲音，並只會重新建構必要的資訊。這完全就可以說是來自於ＲＡＳ的過濾效果。

在下班回家路上等因疲倦而睡倒在電車中時，一到了自己要下車的車站，自然地就會醒來，大家不覺得這一點也很神奇嗎？這也是「雞尾酒會效應」的影響，可以想成是因為將自己每天都會使用到的車站名當成了如自己的名字般在記憶。

因此不論是在腦科學還是在心理學上，**會因為你的意識專注於何方？注意力投向哪裡？而改變你能認識掌握的事物**。所以只要合於自己會感到興奮的意識頻道頻率，就會吸引來令人感到興奮的現實；若是與感到煩躁的意識頻道頻率相合，就會吸引來煩躁的現實。

臉上充滿笑容的人周圍會聚集來滿面笑容的人，總是說著抱怨或不滿的人四周，則會聚集來同樣總是滿口抱怨不滿的人。實際上，只要各位發出了笑臉的波動，就能吸引來幸福的世界。

自古人們就說：「禍不單行」「笑口常開福自來」，可以說正是這個道理。

從這點可以知道，**一切現實或發生的事都是與自己發出的波動或頻率有所共鳴，是自己導致的。**

人生不順利的人就是將所有發生的事推到他人或環境上頭的人。

例如，覺得在這個公司工作的薪水很低、都是因為上司的錯才害得工作無法順利進行，不論把什麼都歸咎給環境或他人的人，該人本身的想法只要沒變，現實就不會改變。

另一方面，人生順利的人會把所有發生的事想成是自己的原因或自己的責任，是會想要改變自己想法的人。例如會認為薪水低是因為自己的技巧或能力不足，所以會投資自己、磨練自己；與上司間的工作不順，是因為自己的做法或溝通不夠才出問題，只要有這樣的認知並改變行為，現實自然就會改變。

各位的目標是哪一種呢？

我們無法勉強改變環境或人，但可以改變自己。

如果想改變現實，除了實際行動，重要的就是要改變想法等內在。內在是肉眼看不見的世界，所以能用頻率來表現。**也就是說，要想改變現實，只要改變自己所發出的頻率、波動就好。**

這就是波動的法則。

■統整

・所有東西都在振動中，有相同波長的東西只要有所共鳴就會相互吸引。

・依照意識頻道朝向的方向，現實就會改變。

・只要改變自己發出的頻率，現實就會改變。

■練習

問題❶ 你已經擁有的富饒是什麼？

問題❷ 你之所以富饒的原因是什麼？

問題❸ 現在能感謝的事情是什麼？

法則
2

思考
法則

想像的事物會變成現實

思考會現實化

各位是否聽過「思考會現實化」這句話？

拿破崙・希爾的著作《思考致富》在全世界賣了超過一億本。這本書是作者受到鋼鐵大王安德魯・卡內基（Andrew Carnegie）所託，採訪了超過五百名成功者，並將其成功哲學系統化而寫成。如今是很廣為人知的一本書。

而書名《思考致富》這句話，在靈性世界中則被人認知為「思考的法則」。因此不論怎麼說，一般都容易把這本書想成是靈性方面的書籍，應該不少人也認為「那種（不切實際的）事不可能」。

的確，我們的眼睛看不見誰的思考現實化，又或是變成物質出現的模樣，所以怪不得會對此有「有點詭異」的印象。

可是，誠如拿破崙．希爾書中所寫，這是不折不扣的真實，咸知是一種原理原則。然而為什麼有很多人都無法相信，同時也無法活用呢？

「想增加收入變得更富裕。」
「想與更符合理想的人結婚。」
「想在商業上更成功。」

像這樣，有人不論如何期望也難以實現願望的原因是什麼呢？

有人是想著「想減肥」，減肥卻完全沒進展。

我也是，不論如何想著要以體脂肪率五％為目標來減肥，若眼前放著零食，就會去吃，減肥一直都沒有進展。雖然想要請一位個人教練，養成運動跟限制飲食的習慣，也立刻就覺得煩而放棄了，所以就算一時間有在減肥，也會立刻復胖。我的體脂肪率也和暗物質一樣，有著二十七％看不見的脂肪。

不論如何用顯意識想著「想減肥」，若潛意識有著和顯意識完全相反的意識，像是「想吃更多好吃的」「運動好麻煩」「想睡到自然醒」等，就會因為那九十五％的影響力而選擇不減肥這個行動。

那麼為什麼用顯意識所思考的事情不會化為現實呢？

那是因為若顯意識踩了油門，潛意識就會採煞車。

例如即便期望「想賺錢」卻難以達成的人，是因為限制自己行動的成見在潛意識中作用，像是：

「賺錢好難。」

「賺錢很辛苦。」

「自己很廉價。」

「要是賺了錢就會受人嫉妒。」

「若沒有能力就無法賺錢。」

像這樣限制行動的成見我們就稱為心理障礙。

在此我要來介紹一下在心理障礙小故事中有名的「大象症候群」。

印度自古在訓練大象時，會在小象時期就用堅固的繩索將牠們的腳綁在木樁上來飼養。

剛開始時，小象會拚命地想逃跑，但依小象的力氣並無法扯掉繩子或拔掉木樁逃跑。

在這期間，小象就會覺得：「就算想逃跑也辦不到……」而放棄逃跑。這樣飼養的小象長成大象後，即便有了十足的力量可以扯斷繩子，也會覺得：「以前試過就知道了。反正是逃不掉的啦。」所以就算把繩子換成了只要稍微用力就會立刻被扯斷的細繩，或是改拴在較小的木樁上，大象也不再會想逃跑。

就像這樣，我們把因為「反正不論怎麼努力都沒用」的成見而不想去做事的情況稱做大象症候群。

你是否也因為過去經驗或人家對你說的話而對「自己不可能」「做不到」深信不疑呢？

若挑戰了好幾次減肥都不成功，就是被「自己無法減肥」這樣的成見給纏上了。

若總是在戀愛中失敗，就是被「自己不適合談戀愛」「無法遇見理想的伴侶」這樣的成見纏上了。

此外，或許也有人是從小就被雙親或周遭的人說些否定性的話語或責備似的話，像是：

「你這孩子真沒用。」

「你連這個字都不會寫嗎？」

「為什麼不能把事情做好？」

「再做得用心些。」

人若是被說「好好做」，就會有做出

（自己沒有好好做）→（自己很沒用，沒有價值）

這樣思考的傾向喔。

也就是說，因為重複像這樣否定式的話語，就會被「自己是做不好事情的沒用孩子」這個成見所纏住。

我在孩提時代也是被父親每天說著：「擺在眼前的飯連一粒米都不要剩下，要吃得乾乾淨淨。」這樣的話而成長。

結果，「一定要吃完擺在眼前的飯菜」這樣的成見就被輸入進了潛意識中，不論多想減肥，我都會吃光擺在眼前的飯菜，所以難以控制飲食。

此外，自小起就有「飲食是一天三餐」這種習慣的人，也是有著「飲食一定要一天吃三餐」的成見。這麼一來，減肥就難有進展。

之所以覺得心中所想難以化做現實，就是因為像這樣，只要是將基於幼兒期起就不斷重複的經驗所形成的資訊輸入潛意識中，就會成為固定概念或常識，導致限制了行動。

愛因斯坦也這麼說：「所謂的常識，就是人到十八歲為止所累積的各種偏見。」

根據腦科學的研究顯示，人的大腦中一秒內有四千億位元的資訊被輸入進潛意識中。假設人腦會全部處理這四千億位元的資訊，單是這樣就要接收會花上約八百二十一年來處理的資訊量。

人是藉由視覺、聽覺、嗅覺等五感來輸入資訊的，但不可能把所有資訊都記憶在腦內。只要活著，就會接觸到各式各樣的資訊，所以若記憶所有的資訊，將會是很龐大的分量。因此，透過加裝濾網，據說最終記憶中只會剩下僅兩千位元的資訊量。

也就是說，因著各位接觸了何種資訊、有過何種經驗，輸入進潛意識的資訊也會不一樣，而根據這些資訊，就會形成你的信念。然後通過這個信念，打造出你的人生。

因為沒有充分理解這個機制，又或者是理解了卻無法落實在現實中，很多人就會陷入無法善加活用「思考的法則」這個陷阱中。

例如想變成有錢人的人雖然在顯意識上會想著要變成有錢人，但在潛意識裡卻想著：「我無法成為有錢人。」所以就會在無意識中做出行動，打造「不是有錢人的現實」。也就是說，**各位「支持著思考的思考（潛意識）」打造出了現實。**

那麼該怎麼做才能消除像這樣的偏見或心理障礙呢？

那就必須要改寫限制著自己、被烙印進潛意識中的偏見。

就我的情況來說，只要將「一定要吃光擺在眼前的飯菜」這個成見改寫成「擺在眼前的飯菜可以剩下來」，在吃飯時，就能控制到只吃八分飽，能做到飲食限制。

只要將「飲食必須要一天三餐」這樣的信念改寫成「飲食就算一天吃兩餐也可以」，就不會吃太多。

那麼該怎麼來改寫潛意識呢？訣竅就在量子力學中。

- 顯意識是你能認知到的意識，所以是看得見的意識。
- 潛意識是你無法認知到的意識，所以是看不見的意識。

我們可以做這樣的轉換。

而且所謂的量子力學是用來闡明看不見的微觀世界學問，所以潛意識這種看不見的意識，無論是什麼相關的事物，都能用量子力學來闡明。

而且透過學習量子力學，就能理解潛在意識或心等看不見世界的特徵，可以想成是就能**控制潛意識，自由自在地實現夢想**。

將思考的法則科學化

在第一章中已經說過了，只要學習量子力學，就能理解「一切的根源都是由能量所構成」。**不論是看得見的東西還是看不見的，全都是能量。亦即也可以說思考與想像都是能量。**

再重複一次，以下是愛因斯坦提出的知名公式：

$$\mathbf{E = mc^2}$$

我們可以用這個公式來做說明。E是能量，m是物質的質量，c則是光的速度。

這個式子是表示物質能與能量作等價交換的意思。

若舉最好懂的例子來說，物質轉換成能量時，就是在吃東西的時候吧。

吃東西的時候，食物就會轉變成能讓身體動起來的能量源。這就是食物這個物質被轉變成了能量。

那麼，能量被轉變為物質時又是什麼時候呢？

那就是你的心在想像著什麼的時候。

在這世界上，所有的創造物之源都是你思考的能量，也就是想像。在這世上的東西，都是某人想像出來的。

例如以下的說明是成立的。

- 若萊特兄弟沒有想像著要在天空上飛，就不會製造出飛機來。
- 古埃及人若是沒有想像金字塔，也不會建造出金字塔來。
- 史蒂夫．賈伯斯若沒有想像 iPhone，就不會產生出 iPhone。

也就是說，**某人思考能量會成為創造一切的能量源**。因此如果各位想活出理想的人生，首先**必須想像理想的人生**。想走上什麼樣的人生呢？理想的自我形象是怎麼樣的呢？若不能清楚地想像出來，就無法創造出來。

- 對你來說，幸福是什麼樣的狀態呢？
- 對你來說，成功是要擁有什麼東西才可說是成功呢？
- 對你來說，最棒的人生是什麼樣的人生呢？

面對這些問題，試著仔細且明確地想一次吧。一切都是從那裡開始的。

可是很遺憾的是，單只是想像，是無法將真正理想的人生現實化的。

如果單只是想像就能實現夢想，應該所有人都會實現夢想才是。若是只要想像有一億日幣就能獲得一億日幣，任誰都可以成為大富豪，但現實不會是那樣的。若單只是想像就能吸引來理想的結婚對象，那所有人都不用為婚活而煩惱了。

那麼，為什麼單靠想像無法吸引來理想呢？

要說明這個原因，首先必須了解**意圖與願望**的不同。所謂的意圖指的是將心念專注於似乎能簡單實現的事物上。

例如：

- 今天晚餐來吃咖哩吧。
- 明天到家附近去買東西吧。
- 今天和朋友一起吃午餐吧。

以這些事情為意圖，比較能簡單地就實現。

願望是「想成為的狀態」，是不滿足於現狀時或有欠缺感時才會產生出來的。

也就是說，是以如下的機制潛藏著的。

・錢不夠↓想賺更多錢。

・被束縛著，沒自由↓想獲得更多自由。

・忙到沒時間↓想要更多自由的時間。

・無法做想做的事↓想做更多想做的事。

・沒結婚↓想結婚。

・肥胖↓想減肥。

在現狀中對沒錢感到不滿足的人，就會產生出想要變成大富翁的願望。現狀是沒結婚而對結不了婚不滿時，就會產生想結婚的願望。

意圖是產生於想像著在普通生活中就能簡單實現的事，像是「晚餐來吃義大利麵吧」「明天去購物吧」。另一方面，願望則是從想像現在難以立刻實現的想像中產生出來的，像是「想中一億日幣的彩券」「想和藝人結婚」「想達成年收一億日幣」。

因此，想像的事之所以沒那麼簡單現實化，是因為想像的事是願望，是讓人感覺現今很難立刻實現的事。

實現願望的人與沒實現的人的差異

那麼，陸續實現願望的人與總是無法實現的人，有什麼樣的差異呢？

例如，陸續實現願望的人有如下的特徵：

- 覺得願望自然就能實現。
- 想成是已經實現了一樣。
- 不會強烈把意識集中在願望上、極度渴望。
- 不過度期待、執著於願望。

本就出生在經濟上比較富裕的人會想著：「過著經濟富裕的生活是很理所當然的。」所以自然地就能實現富裕的生活。戀愛經驗豐富的人即便失戀了，也能自然而然找到新戀人。

另一方面，無法實現願望的人則有如下的特徵：

- 有欠缺感，覺得現今做不到、很困難。
- 有著無論如何都想實現的強烈欲求。
- 過度期待、執著於結果。
- 口頭禪是做不到、好難、不懂、好麻煩。

想著還沒學會的技能，為了取得證照而不斷去上課的人，就不太會實現開始創業的夢想。

出生在經濟環境較貧乏的人，覺得沒錢是很理所當然的，所以認為賺錢很難。

那麼，總是無法實現願望的人該怎麼做才能變成能陸續實現願望的人呢？

那就是**將願望意圖化**。

只要將願望意圖化，就能非常簡單地實現願望。實際上，我在進行諮商的時候，也是引導諮商者能將願望意圖化。

那麼，又要怎麼做才能將願望意圖化呢？

那就是在想像時擁有臨場感的感覺。能想像到有臨場感，就容易現實化。

例如，若想像著到家附近的蕎麥麵店去吃蕎麥麵，各位是否會覺得，若家附近就有蕎麥麵店，就容易立刻實現呢？

各位能想像明天把千圓日幣放入錢包中嗎？若只是千圓日幣的紙鈔，應該很容易想像它放入錢包中的景象吧。就像這樣，可以說能簡單想像出來的景象就容易成為現實。

另一方面，各位能想像與憧憬的藝人一起去吃午餐的情形嗎？不論如何想像，只要與藝人沒有接觸點，就會覺得和他們一起去吃午餐是像夢一樣的。

此外，各位可以想像明天手邊有一億日幣的情形嗎？實際上沒有賺過一億日幣的經驗，也沒有見過一億日幣的人，要如實的想像應該很難吧。

很遺憾，若總是難以做出想像，可以說**也就難以實現**。就像這樣，無法擁有臨場感地去做出想像，就難以將之現實化。

因此，要實現願望，重要的是要先對想成為的自己，或是理想人生、夢想、目標擁有臨場感並做出想像。世界上的成功人士都是因為有明確的目標或是願景，才能成功。

想像與能量的關係

那麼，用科學的觀點來思考想像與現實化，可以用什麼樣的關係性來做說明呢？所謂的想像是能量，所以若抱持臨場感去想像理想的狀態，構成身體的基本粒子狀態就會改變，能量的狀態也會改變。

能量能用 $E = h\nu$ 這樣的能量與頻率公式來做說明。想像事物的時候，意識的頻道會朝向那個事物，就像改變電視或廣播頻道那樣，表現有多少能量的頻率也會改變。這時候，從能量與頻率的公式可以得知，若能更有臨場感地去想像，頻率就會變高，因想像所產生的能量就會變大。

例如若勉強想像著「真想成為有錢人啊」時，就會散發出含糊不清的頻率。在含糊不清的頻率下，就會吸引來含糊不清的現實，所以不會知道具體到底要成為多有錢的人。

而且這種情況就像是，即便在旅行社中拜託說：「我想去某個很讚的地方。」旅行社也無法想像你到底是要去哪裡。是要去「夏威夷」？還是要去「紐約」？還是「義大利」？會不知道該介紹哪裡比較好。

另一方面，若能做出真切的想像，能量密度會變高，容易物質化。這就是愛因斯坦的能量公式：

$$\mathbf{E = mc^2}$$

如同從這則公式中所能得知的，能量能與物質做等價交換。

這就像是，例如若能如實想像出「想去氣候溫暖、附近有海灘、能全家一起出遊的度假勝地」，旅行社也會湧現出想像，像是「夏威夷」「峇里島」「馬爾地夫」等，容易介紹具體的觀光地。

統整一下上述所說，就能做出以下的說明：

- 想像是看不見的世界，能用頻率來表現。
- 若能更有臨場感地去想像，頻率就會提高，能量密度也會提高。
- 一旦能量密度提高，因著能量與物質的公式，就容易物質化。

也就是說，心中所描繪的想像或願景（看不見的世界）會變得明確。能量愈大，可以說愈能影響現實世界（看得見的世界）。

愛因斯坦也說過：

「我們所說的物質是能量，只是其振動是我們幾乎感覺不到的低頻率。物質其實是不存在的。」

我認為，也許可以將關於想像這關係性的能量分為八個階段。具體來說，可以用如下的階段來說明：

- 第一階段……認為絕對辦不到的階段。
- 第二階段……認為不可能的階段。
- 第三階段……認為很難的階段。
- 第四階段……認為或許可以做到的階段。
- 第五階段……認為能做到的階段。
- 第六階段……認為能簡單做到的階段。
- 第七階段……認為輕而易舉的階段。
- 第八階段……認為絕對做得到的階段。

想像時，會因為處在不同階段的想像而能做出能不能現實化的區別。從第一階段到第三階段的情況，可以說很難現實化。另一方面，從第六階段到第八階段的情況，要現實化的可能性則很高。若把所有事都想成是輕而易舉，願望就能陸續實現了。我稱此為「輕而易舉法則」（笑）。

實際上，專業的運動選手以及奧運代表選手在練習時據說也會採取想像練習。因著重複想像在比賽中獲勝或是想像進球，就能深深輸入進潛意識，因而能在腦內發出「自己能成功」的頻率。**也就是說，藉由想像能改寫潛意識**，消除心理障礙。

我在諮商時，會先使用話語誘導諮商者能擁有臨場感地去做出想像。接著，隨著誘導，**諮商者的想像會變得更加具體，透過與想像的波動共鳴，就真的會在現實中發生吸引力**。

實際上，接受我諮商半年後有人副業的月收就達成了五倍，也有人一星期內就吸引來理想的戀人，還有人是短短一星期內就成為了好萊塢演員而實現夢想的。**這可以說就是因臨場感想像的效果**。

我們都知道，作為大腦的特徵，潛意識無法區分現實與想像。例如請試著想像一下右手手掌心上有著檸檬。用左手用力擠壓檸檬，在手掌心上的檸檬就會溢出汁液，想像將那些汁液輕輕地滴落口中。各位有什麼樣的感覺呢？是不是覺得口中充滿了檸檬汁很酸呢？實際上各位明明沒有在吃檸檬，但口中卻變酸了，這是因為大腦因為想像而發生錯覺，以為這是發生在現實的事。從這件事我們可以知道，想像會給予人體非常大的影響。

也就是說，所有發生的事都是在大腦中發生的。在現實中發生的一切，我們多容易想成是物質性的，但**理解、體驗事物全都是發生在腦內的想像**。

你可以想像自己住在夏威夷，也可以想像成了億萬富翁，住在大豪宅裡。也可以想像與理想的伴侶結婚，過著幸福的生活。在想像的世界中，你也有可能在商場上獲得成功，達成年收一億日幣。想像沒有界限，就如同波一樣有著各種可能。

你有著無限的可能性，是人生的創造主。在想像的世界中應有盡有，是自由的。讓我們自由地來想像理想的人生吧。

請務必試著先擁有臨場感地去想像你想成為的自己或理想的自己。也請試著想像理想的人生是什麼樣的人生。這就是能實現願望的第一步。

「客觀的事實不存在。你只是透過自己的眼睛在看事實而已」

（維爾納・海森堡：德國理論物理學家諾貝爾物理學獎得主 一九〇一～一九七六年）

■統整

・所有創造物的原點都是想像。

・若抱持著臨場感想像，就容易現實化。

・依靠想像而將願望意圖化後，就能非常簡單地實現夢想。

■練習

提問❶ 你在一年後希望成為什麼樣的狀態呢？

提問❷ 請想像並寫出那個理想的一年後、理想一日的模樣。

你想住在什麼樣的地方呢？
是和什麼樣的人在一起呢？
聊著什麼樣的話題呢？
如何使用時間呢？
獲得了什麼樣的成功呢？
那裡有著什麼樣的味道呢？
看得見什麼樣的景色呢？
身體有何感覺呢？
湧現出什麼樣的情緒呢？

請試著如實地去想像。

請試著寫出全部、盡可能詳細的感受。

就算要花上一些時間也沒關係。

反而愈是花時間讓想像確實固著下來，愈能打造出理想的自我形象。

法則 3

言靈法則

只要使用言語的力量，願望就會具現化

將想像現實化的方法

在前述「思考法則」中，已經跟大家提過想像會現實化。可是有時，不論怎麼想像也難以現實化。

就算是在家想像著理想的戀人，也不可能有像是「外送送到囉！」這樣理想戀人突然出現在家中的情況。就算是想像著適合自己的衣服，也不可能有漂亮的洋裝被送到眼前。如果只是想像就能實現夢想，所有人就都能中彩券，在瞬間變成億萬富翁，對吧？

其實，不論如何想像，要能現實化，中間是有時滯的。

為什麼想像的東西無法立刻現實化呢？

原因之一是，若想像的事物立刻現實化了，在這個現實世界中就會導致混亂。

例如保險營業員跟你說：「為了將來，最好能投保防癌險喔。」若在想像到「要是罹癌了該怎麼辦」的中途就罹癌了，那可是很令人困擾的。想著「那女孩好可愛呀」的瞬間，不知何時就與人交往結婚了，周圍的人都會很驚訝吧。

我們所居住的三次元物理世界中，不會立刻將想像現實化。這是因為肉眼可見的物理世界，構成原子與分子的基本粒子幾乎不會移動，難以出現變化。另一方面，所謂的想像或思考是眼睛看不見的精神世界，所以能自由地引起變化。

在餐廳時，即便一邊看著菜單，一邊想著：「來點個漢堡排定食吧。」在想像或思考的世界中，也能瞬間取消點餐，改成「還是來點個培根蛋麵吧」。另一方面，在現實世界中，若是點的漢堡排定食被送到了眼前，也很難想著「還是拜託店家改換成培根蛋麵吧」並改換餐點，而且就算要重做也要花時間。

也就是說，眼睛看不見的想像、思考、意識等是如水蒸氣的水分子般能自由變化的，而肉眼可見的物質或現實，則如冰塊般固定著，難以變化。

可是其實有一個方法**可以縮短將想像現實化時的時滯。那就是使用話語，也就是使用語言的力量。**

例如不論如何想像著瑪格麗特披薩，瑪格麗特披薩都不會在現實中出現，但只要去披薩店點餐：「請給我一個大的瑪格麗特披薩。」只需花二十分鐘就能吸引過來。只花二十分鐘就將想像化為現實，這實在是很驚人的縮短時間術。

在量子力學中，基本粒子沒被觀察時是擁有波的性質（波動性），有人在觀測時則是擁有粒子的性質（粒子性），這點我們已經知道了（參照第四十四頁的「雙縫試驗」）。

以量子力學式實現願望的機制為基礎來思考就會知道，只要將處於波的狀態下、眼睛看不見的想像改變成是粒子，就會現實化。這就是只要將想像、思考可視化，打造出處於觀測狀態中就好。

換句話說，因著將想像或思考言語化，使之變成人容易觀察的狀態，就能因此而容易現實化。

有兩個方法可以使之言語化。

一個是寫成文章，還有另一個就是用話語發出訊息。

為什麼將夢想或目標寫在紙上就能實現？

日本自古以來就會在七夕時將心願寫在短箋上。

也有在神社將祈願寫在繪馬上的習慣。

這些自古以來就有在做的習慣，全都有著很深的原因及意義。

而大家知道世界上成功人士們正在做的習慣都有哪些嗎？

那就是**將夢想或目標書寫在紙上**的習慣。

我也是以前去參加某個講座的時候，在那裡學到了「將夢想寫在紙上就會實現」這件事。

實際在紙上寫出一〇一個夢想或目標後，其中超過八成真的都實現了。

我在「前言」也寫過了如下的內容：

- 只用了一個月就交到了理想的女朋友，獲得了幸福婚姻生活。
- 明明沒錢，卻能住進直通車站的塔式公寓。
- 出版了書，而且很暢銷。

為什麼把夢想寫在紙上就能實現呢？

我認為那是因為寫出來後，**模糊不清的理想形象就會變得明確，會從波改變成粒子，意識頻道就會轉向夢想與目標的方向。**

此外，言語中有著能量，因著那個能量的頻率，就能將這言語輸入進潛意識中。而且可以說，因為遵循「吸引力法則」，就會吸引來相同波長的東西，使得願望能達成。

在心理學中，**因書寫出來而將夢想或目標輸入進潛意識，就能做出找出必要資訊的行動。**

此處，重要的是，**要明確地用語言表示出所求的事物。**

例如若在拉麵店點餐時說：「請給我好吃的拉麵。」那也不會知道店家會端出什麼口味的拉麵。搞不好會端出加有水蚤的拉麵（笑），又或許是端出拉麵店店長個人喜好的拉麵。反過來說，若詳細地點餐：「我要味噌拉麵，要加海苔跟半熟蛋，湯汁要濃郁點的。」就能獲得想吃的拉麵，也就是想要的東西。

亦即，**想像並明確地將想獲得的東西語言化，就是使用「吸引力法則」的訣竅**。而對他人進行指導這件事，完全就是在支援將想像語言化。指導就是，將腦中模糊的想法整理好並用詞語明確地將之語言化，藉此就能將目標或願景從波轉變成粒子。

那麼，你今年的目標是什麼呢？

一年後，你想成為怎樣理想的自己呢？

請試著明確地寫在紙上一次。

將夢想或目標寫在紙上的「夢想清單」書寫法有八個重點，以下就來詳細介紹。

1 盡可能寫得明確

首先，在紙上寫下夢想或目標時，要把自己所求的事項寫得很明確。若寫得很模稜兩可，有時即便願望實現了，也會是以很驚人的方法來實現。

例如某人的夢想清單中寫著：「獲得了三十萬日幣。」結果，他雖然真的獲得了三十萬日幣，但竟然是在開車時碰到交通事故造成揮鞭症候群*，結果就獲得了汽車保險金的三十萬日幣……。

如果不明確寫明要用什麼樣的方法獲得想要的東西，就可能會像上述的例子那樣，所以要盡可能寫得明確些。

---

*註：揮鞭症候群，因突如其來的巨大外力使頸部造成的損傷，使頸椎由正常的C形曲線，變成挺直的狀態。

2 主詞要明確

其次是主詞要明確。

有人在夢想清單上寫下了：「三個月以內要出書。」結果真的在三個月內實現了夢想，卻是朋友實現了夢想。這是因為沒有在夢想清單中寫上主詞，結果是他人實現了夢想。

在餐廳也是，點餐時，若沒有明確註明是誰點了什麼餐，服務生也無法送上食物。

在寫自己的夢想清單時，要明確的寫上主詞，就像這樣：「我要實現——」也可以明確地寫下主詞與姓名，例如：「我，〇〇，要在三個月內出書。」

與在神社參拜許願時一樣。在神社參拜時，甚至不只會說自己的名字，據說也可以報上地址。在神社祈禱時，宮司*也會幫你唸出姓名與住址。因為若不明確說出姓名與住址，神明就不會知道要實現住哪裡的誰的願望。這和在網路商店購物時一樣，若不說清楚是住在哪裡的誰等姓名與住址，下訂的東西就無法送到自家來。

---

*註：宮司，日本神社負責人。

3 以肯定式書寫

我們之前提出過，潛意識的特徵是無法辨別否定式。

例如若有人跟你說：「請不要想像粉紅色的蝴蝶。」你應該怎樣都會想到粉紅色的蝴蝶吧。就像這樣，大腦以及潛意識有個特徵，就是無法識別否定式。

那麼，為什麼潛意識無法識別否定式呢？

潛意識就像網路上的搜尋引擎，會挑選單詞來做搜尋。實際上，在網路的搜尋引擎輸入「請不要想像粉紅色的蝴蝶」並搜尋時，只有「粉紅色」「蝴蝶」「想像」這些關鍵字會被搜尋，並且會在首頁出現粉紅色蝴蝶的圖片。潛意識就擁有同於這樣的特徵。

因此若在夢想清單上以否定式書寫，像是：「我不會生病」或「我不會變窮」，「生病」或「窮」這些字詞的能量就會被輸入進潛意識中。所以在此永遠都不要用否定式，請用肯定式書寫，例如：「我會越來越健康」或「我會越來越富有」。

4 用手親自寫下夢想及目標

曾有人問我：「將夢想或目標寫在電腦或手機上也有效嗎？」隨著電子化的進步，這也是當然的趨勢對吧。

在此我想來說一下於國外大學進行一項頗負深意的研究與結果。

一九七九年，在哈佛大學進行了一項調查。開始調查那年，同所大學的某位教授問學生們是否有著目標，結果全體學生中有百分之三的人說：「有目標，而且有寫在紙上。」接著十年後，再度調查了本來的那群學生，結果獲得了一項驚人的結果。**那百分之三把目標寫在紙上的同學，年平均收入竟是其他百分之九十七人的約十倍**。

此外，世界級暢銷書《解答：如何掌控你的生活，成為你想成為的人》（暫譯。*The Answer: How to take charge of your life & become the person you want to be*）中也有同樣的敘述。

多明尼克大學蓋瑞・馬修斯（Gary Matthews）教授在某次心理學的實驗中，針對用手親自寫下夢想與目標以及用電腦鍵盤打下夢想與目標這兩者間會出現多大的目標達成率差，**以兩百六十七人為對象進行了實驗**。結果，在親自用手寫與用鍵盤書寫這兩者間，**親自用手書寫**

目標的人出現了目標達成率上升到百分之四十二的情況。

這是因為據說，親自用手書寫會使用到更多的神經，容易輸入進潛意識。所以請盡可能親自用手書寫夢想及目標吧。

5 用現在完成式書寫

將夢想與目標寫在紙上時，若句式中寫出了「想要～」就會發射出「想要～」的頻率，那麼就永遠都無法實現夢想。這是因為在「想要～」這樣的句式中有著「夢想還沒達成」的狀態，而這狀態也會存在於潛意識。

舉個例子，說著「想結婚」時，就會吸引來「想結婚的狀態」，那就永遠都結不了婚。

所以在書寫夢想以及目標時，要以現在完成式寫出已經達成的狀態，像是「達成了～」「實現了～」「獲得了～」。因為是用已經達成的狀態書寫，言語的能量頻率就會改變。因著寫出已經達成的狀態，就會和那頻率產生共鳴，吸引來真正夢想實現的狀態。

如果夢想是三個月以內想結婚，就可以寫：「我在三個月以內和理想的伴侶結婚了。」用「想要～」與「～了」來書寫，就量子力學上來說，言語的能量頻率是完全不同的。例如說著：「我真想在今年結婚啊～」的人，跟說著：「我在三個月以內絕對會結婚。」的人，各位覺得能從誰身上感受到對方是認真的呢？應該是後者吧。就像這樣，依著使用語言的方式，可以說傳達給對方的能量是完全不同的。

能量可以用 $E = h\nu$ 的公式來表現，所以因著語言，頻率就會不一樣。

6 認為理所當然會實現

將夢想或目標寫在紙上時，就心態上而言，祕訣就是認為實現願望理所當然地來書寫。

例如在網路商店下單物品時，各位不會擔心地想著：「要是下單的物品沒送來怎麼辦？」吧。應該也不會想著：「要是下個月的薪資沒匯進來怎麼辦？」可以說，你相信著理應會發生的事就容易實現。

實際上，我認識的人之中，也是有每次買彩券的時候，平均會中上數百萬日幣的，但一問那個人：「為什麼這麼會中獎？」他非常理所當然地回答：「咦？買彩券當然會中啊，不是嗎？」這簡直就像是在餐廳買餐券那樣，只要以「買了就會得到」的感覺來買彩券，就會認為中獎很容易了。

書寫夢想清單的時候也一樣，**請把這個宇宙想成是什麼都會幫忙實現的宇宙餐廳**。就像在網路商店上下單訂貨時一樣，**認為理所當然會實現，並深信不疑，然後利用夢想清單訂貨，這就是實現夢想的祕訣**。

7 寫出明確的期限

如果暑假作業沒有繳交的期限，大家會寫作業嗎？

如果公司的工作沒有截止日，大家會工作？

說不定幾乎所有人都會立刻不做了吧。沒錯，**人若是沒有期限就不會行動**。

同樣地，書寫夢想清單時，要盡可能寫出明確的期限來。

例如要用如下的方式書寫：

- 在二〇二三年一月前吸引來理想的戀人並結婚。
- 在二〇二五年四月前，在商業上取得成功，達成營收三千萬日幣。
- 在二〇二二年三月前減肥十公斤瘦下來。

那麼，為什麼明確寫出期限，夢想就容易實現呢？

那是因為，只要明確寫出期限，就會被輸入進潛意識，人就會在無意識中朝目標行動。

你若是被上司叮囑了「三天內要做好這分資料」，也會思考著如何在三天內做好資料吧。這麼一來，自然就能做出三天內完成工作的行動。請明確地告知宇宙餐廳，你何時要實現夢想吧。

8 若在期限內沒有實現，請相信會發生更好的事

書寫夢想清單後，若沒有在期限內實現夢想或目標，你會怎麼想呢？或許有人會稍微有點失望、沮喪吧。

如果在期限內沒有實現願望，可以想成是會有更好的事情發生。不要過於期待夢想或目標，一旦落入執著，就會累積壓力。帶著輕鬆的心情，不要過於期待地寫出夢想或目標吧。這樣的想法就和在餐廳點餐後，若餐點遲遲沒送上來，店家或許會為了賠禮而升級餐點或服務一樣。

宇宙餐廳同樣會在超過期限時，實現超出你預料之外的好事。超過期限時，請想著會發生幸運的事並期待著吧。

就像這樣，只要把夢想與目標寫在紙上就會實現。寫在紙上是因為紙＝神*，所以就等同於向神預定。請務必將人生中想要實現的夢想與目標寫在紙上，向神預定。

用話語說出來，夢想就會實現

使用語言的力量就能讓吸引力加速，做出肯定宣言是其中一個知名的方法。**做出肯定宣言的方法就是用話語宣告（承諾）夢想或目標，依著不斷唸誦來改寫潛意識。**

肯定宣言是西式的想法，美國的心理學家，同時也是自我啟發與能力開發的世界級權威、教練的創始者路易．E．泰西（Louis Tice）的著作《聰明談話：激發潛能的五步法》（暫譯。*Smart Talk For Achieving Your Potential:5 Steps To Ger You From Here To There*）中也寫有詳盡的做法。

例如以下可以舉出幾個肯定宣言的例子：

＊註：在日語中，紙與神的發音相同。

・我每天都愈來愈幸福。

・我每天都充滿著幸福與富足。

・我每天做什麼事都很順利。

・我擁有一切必須的物品。

每天就唸個十～二十次左右像這樣的話語。

只要唸誦肯定宣言、將平常說的話都改變成正向積極，自己所發出的頻率以及波動就會改變，與那分波動共鳴且被吸引過來的事物就會改變。

我以前每天都會像這樣唸誦肯定宣言。一開始念的時候是會覺得有點奇怪，但只要每天重複唸誦，在無意識的程度上，夢想與目標自然就會變成理所當然會實現的狀態。實現夢想是理所當然的，只要處於這樣的意識狀態，就不須再唸誦肯定宣言了。吸引力自然會提高，願望陸續地就會實現。

人與其他動物的不同就在於能用語言溝通。

使用語言的力量，人類於是能發明新東西、共享知識、發展科學技術。其他的動物無法發明、創造新東西，而人可以說正因為擁有語言的力量，也才擁有了從無中生有的力量、讓事物具現化的力量。

《新約聖經》的《約翰福音書》也有句話是：「在起初已有聖言。」這完全就是在說，語言有著能產生出某種事物的力量。

■統整

・用詞語將想像及思考化做語言，就容易現實化。
・將夢想或目標寫在紙上就會實現。
・用話語說出、唸誦夢想及目標，就會改寫潛意識。

■練習

❶在紙上寫出一〇一個夢想或目標。

❷寫好後就放在看不到的地方。

❸每天將寫好的夢想或目標唸誦十～二十次。

法則 4

決斷法則

做出重大決定，人生就會出現大改變

雙縫實驗與觀測問題

你滿足於至今為止的人生嗎？

是否會認為自己還有更多的可能性呢？

如果讓你斬斷至今為止的人生，走上嶄新的人生，你會過上什麼樣的人生呢？

其實，在第一章介紹到的「雙縫實驗」（參照第四十四頁）中就能學到大為改變人生的訣竅。

在雙縫實驗中，一個電子或光子的基本粒子會同時通過兩個縫隙，在螢幕上生出干涉條紋，所以可以說，基本粒子擁有波動的特性。

而我們知道，一旦想要觀測基本粒子是通過哪個縫隙時，干涉條紋就會消失，顯現出粒子的性質。因觀測方法而改變實驗結果的「觀測問題」，在物理學家間也經過了長年的討論，並為了說明這個現象而做出了各式各樣的解釋。

其中之一就是**哥本哈根詮釋**。

根據哥本哈根詮釋，電子是無數可能性重和的狀態，認為電子會如波般擴散存在機率的分布，**在被觀測到的瞬間，就會收縮為一點，**從波的狀態收束成粒子的狀態。

〔波的收縮〕

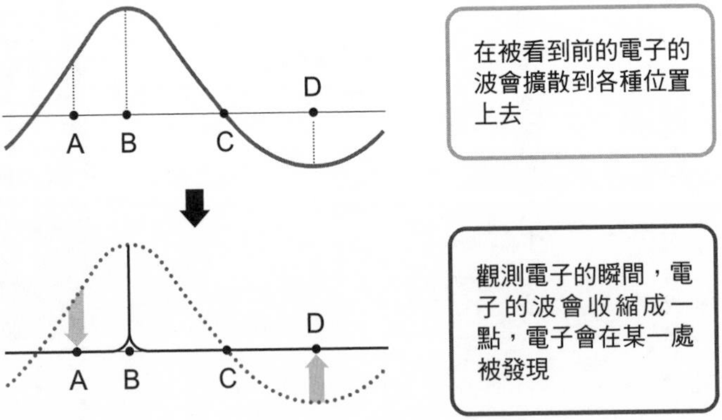
A
B
C
D
在被看到前的電子的波會擴散到各種位置上去
A
B
C
D
觀測電子的瞬間，電子的波會收縮成一點，電子會在某一處被發現

例如孩提時期，大家應該都有在遠足時帶過便當。當時是否有人在不知道裡面裝著什麼菜色的情況下就帶去，然後興奮地想著：「今天的便當是什麼呢？」那時候，在打開便當蓋之前，因為不知道裡面裝了什麼，就會有各種可能性。或許有德國小香腸，或許有炸雞，又或許是灑上海苔的便當。說不定便當裡的菜色都亂七八糟的混在一起了。

在各種可能性重合的狀態下，打開蓋子的瞬間都會收束成某個特定的狀態，就像觀測炸雞便當的概念。知道是炸雞便當的瞬間，就是從波的狀態收束成粒子的狀態，事物就確定了。

還有一個有名的解釋是一九五七年美國物理學家休・艾弗雷特三世（Hugh Everett III）所提出的**多世界詮釋**（the many-worlds interpretation）。這不僅是微觀世界，而是世界的一切都是重合狀態，只有機率性的固定事件數，這個世界會分離出多數的平行宇宙。

也就是說，有各種可能性的世界是並行且同時存在的，但在觀測的瞬間，則會進入到其中一個世界中的概念。

像這樣的多世界詮釋，人們多以「平行世界」這個詞來認知它。

在ＳＦ小說、電影或動畫中經常會採用平行世界的橋段，那樣的想法就是，或許這個宇宙除了我們所居住的世界以外，還存在有許多世界。

例如請試著回想起在餐廳看著菜單點餐時的情形。點餐前，要吃些什麼是同時存在著有各種可能性的世界對吧。因此概念是，若點了漢堡排定食，現實中就會出現吃漢堡排定食的世界，而在其他世界中，則也同時存在著吃培根蛋麵的宇宙或是正在吃著天婦羅定食。

此外，是要和溫柔的女性結婚？還是和開朗的女性結婚？還是和抖Ｓ的恐怖女性結婚等，直到結婚前情況都不明朗，所以各種可能的世界會重疊，但若是和抖Ｓ的恐怖女性結婚，在這個世界中，就會開始和那名女性的結婚生活，但卻也同時並行且存在著在其他世界中，和溫柔女性的婚姻生活，在另一個世界中與開朗女性的婚姻生活，就是這樣一個概念。

就像這樣，聽起來很像ＳＦ的話題，或許有人會覺得很不切實際，但其實很多的物理學家都有針對平行世界做出相關的討論。例如麻省理工學院的馬克斯・泰格馬克（Max Erik Tegmark）博士所提出的**多重宇宙論（Multiverse）**就很知名。根據馬克斯・泰格馬克博士指出，理論上而言，**宇宙有十的五百次方個**。

指稱存有各種可能性世界的狀態的專門用語就是**「重疊狀態」**，世界就是像這樣是重疊的狀態，請想成是完全就是有各種可能性的世界是平行存在的。**可是我們只能看見一個宇宙，現實中不會出現其他世界**。

從多世界詮釋中學習人生選擇理論

人生也跟多世界詮釋及多重宇宙論一樣，有許多的分歧點。

例如要進入哪所大學就讀？要去哪裡上班？要選什麼樣的工作？要和誰結婚？人生中，只要活著，就會有無數的選項，所有的世界或宇宙就只有這些選項的數量。

直到選擇某個選項為止，都是有各種可能性的重疊狀態，只要決定了一個，人生就會朝那條路前進。因此，若選項只有一個時，

〔多世界詮釋與人生的選項〕

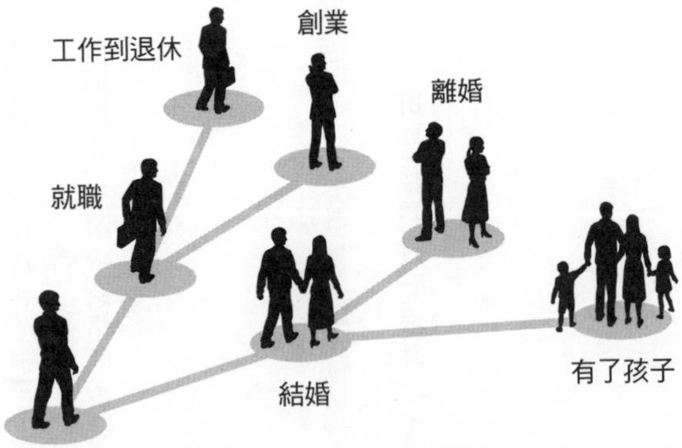

可能性就只有一個。例如若能進入到雙親期望的大學就讀或是進入大企業中工作，就會在雙親所貼標籤上受到侷限的人生範圍中而活。

另一方面，若將選項增加到兩個或三個，可能性就會拓展開來。在量子力學的觀點來看，這完全可以說是答案只有一個的是粒子性，而有各種可能性的是波動性。

此外，人總是很容易在現在或過去的延長線上來思考事物。我們容易在有限的範圍內來判斷事物，像是將來是否要和現今交往的人結婚？是否要在現今工作的公司做到退休等。可是這麼一來，人生是不會有大改變的。

一般都說，人生中要成為成功者很難。這個「很難」指的是要做出很大的改變，也就是說，有大變化的人，才會被稱為是人生的成功者。

那麼，要大為改變人生該怎麼做呢？

那就是要做出大決定。

能做出大決定的人，就能大為改變人生。

我在搭電梯碰到持續不動的狀態時，經常會想著：「奇怪？電梯沒動嗎？」然後就會突然發現沒按樓層鈕，所以又趕緊按了樓層鈕。

人生也是與此相同。只要沒有確定好要去的地方，就會像不動的電梯一樣，現實不會有任何改變。你想變成怎樣呢？想怎麼做呢？我們必須每次都想一下並做出行動。然後能沿著那個願景做出重大決定的人，就能讓人生大有改變。

從這個平行世界的概念中，我們可以知道人生就是在不斷地做決定。你選擇了什麼？做出什麼樣的行動？依著這些就能選擇有各種可能性的世界。

如果想結婚，請做出決定要何時結婚。

如果想變成有錢人，請做出決定要貯存多少資產。

如果想長壽，請決定要活到幾歲。

下決定的力量，會成為那大為改變現實的力量。

那麼，下決定時該以什麼樣的標準來做決定呢？

那就是請試著選擇你認為會擴展人生可能性的選項。

所謂選擇能擴展人生可能性的選項，就是那樣的選擇是否會讓你覺得興奮？是否讓你人生未來走向光明？如果因著那樣的選擇，讓你湧現出興奮的情緒，或是能想像出光明的未來，就請試著果斷地做出選擇。那一定會是最佳選擇的。

各位是否聽過「因果報應」這個詞？這個法則就是過去做過的事全都會返回到自己身上。在佛教中也稱為「業」的法則。若在前世或過去做了壞事，現世中就會發生不好的事或令人討厭的事；若是行善，今生就也會發生好事。

例如：

- 沒能上到理想的學校是因為疏於做考試的準備。
- 沒能結婚是因為沒有認真在進行婚活。
- 變胖是因為運動量不夠。

因某種原因而產生出結果，就是原因與結果的法則。

所有的現實都是以思考為本源而形成的。也就是說，相信業力法則的人會遵循業力的法則而發生現象，而對不相信業力法則的人來說，就會形成是與之完全無關的世界。會打造出完全不一樣的世界。

這無關乎哪種概念是好是壞，就如同多世界詮釋，因著你所相信的概念或哲學，看到的世界也會不一樣。

決定論VS機率解釋

業力法則與因果報應的概念，在物理學上來說，我認為應該就是宏觀世界的物理學，和牛頓力學或古典力學是一樣的。

例如以下這個問題：「若以初速度為時速一百公里，角度為四十五度來投球，描繪出拋物線的球會掉在哪裡呢？」在牛頓力學中，可以用運動方程式做出某種程度上的預測。若球的初速度或投擲角度改變了，球掉落的地方就會改變。這完全就是從原因導出結果的決定論思考方式。

另一方面，量子力學的世界則是完全不同於這樣的概念。

在量子力學中，德國物理學家海森堡曾提出過**不確定性原理**。根據這個不確定性原理所說，我們無法同時測定電子的位置與速度（嚴謹的來說是運動量）。這是因為，一旦想要測量電子的位置，就會不知道速度，而一旦想要測量速度，又會變得不知道位置。如字面上所說，就是「任何事都是不確定，是由機率來決定的」。

也就是說，我們不知道電子「是在那裡嗎？」還是「在更遠的地方呢？」因為這樣的不確定且模糊不清，我們只能用機率來表現，所以就要用波動方程式來計算電子存在的機率，並使用波動函數，以分布圖來表示。

在肉眼看不見的微觀世界中，我們無法斷定「一定是在這裡！」因為基本粒子可能是波也可能是粒子。現實就有可能會是這樣，也可能不會是那樣。就像這樣，只能用含糊的機率式表現才能表示這個世界。

也就是說，不是像業力法則那樣，用因為某個原因而導致了結果這樣的方式來表示，而是只能用機率來做預測。只要採用了這樣的概念，**就無關乎你過去做過什麼，而是依著改變了當下的瞬間，可能性就會無限擴展開來。**不論過去過的是什麼樣的人生，不論現在碰上了什麼狀況，可以說，人生都可以做出極大的改變，擁有無限的可能性。

科學闡釋宿命與命運的不同

因果報應或是業力法則等決定論式的想法，在占星術中就同於所謂的宿命。因著出生時日、地點的星象位置，在統計學上預測「有很高可能性會過著這樣的人生」。宿命完全可以說就是牛頓力學。

可是，若是地點完全一樣、時間相同、星象相同下出生的人，那人生就會完全相同嗎？

答案是ＮＯ吧。

例如若是雙胞胎兄弟，出生地點與時間都一樣，只要選讀的大學不一樣，就職的公司就會不一樣，戀愛對象與結婚對象也會不一樣吧。

這就是因為，即便宿命是相同的人，命運也不一樣。命運就量子力學來說，可以用不確定性原理來做說明。也就是說：「人生之後會變成這樣，只能得知大概的機率。」

誠如前述，只要決定好初速度以及投球的角度，就能依照牛頓力學，預測出球掉落的位置。就像這樣，固定好初速度與角度的條件，可以說就是宿命。可是，即便在完全相同的條件下投球，只要有風吹過，球的軌道或抵達地點就會完全不同。若是碰上大雨或颱風等天候改變時，球掉落的位置也會改變，這就是命運。

最近，我因為興趣而開始打高爾夫球，我發現，高爾夫球場就很像人生的縮圖。走一圈高爾夫球場後會發現，打出哪條路線可以說是宿命。而當時的天候或風向等狀況則是命運。在被賦予的宿命與命運中，用盡全力，把球擊向所謂人生目標的洞中。或是在中途成為了ＯＢ（界外球），或是球掉入了沙坑中，有時也會難以從失敗中站起來，但只要不放棄地持續朝球洞擊球，終會將球打上果嶺，打完一場路線。這可以說和人生是一樣的。

宿命無法改變，但是命運可以改變。

不論自己現在是什麼樣的狀況，從現在到未來都能做出許多的改變。和你過去做了什麼無關。從現在這個瞬間起，只要多去幫助人、多展現溫柔的笑容、說些慈愛的話語、感謝人，就能成為幸福的有錢人。

不管現在你有沒有錢或能力，人際關係是好是壞，還是離婚了，一切都和這些無關。重點只在於，在這個當下，你會付出多少行動去改變命運。

人生就是連續的選擇，要選擇什麼、該怎麼行動，只要在當下這個瞬間做出決定就會改變。要轉職到哪間公司才能提升年收呢？要和什麼樣的人結婚才能過著每天都很幸福的日子呢？就某種程度上來說，這些事都是可以預測的。重要的是，自己選擇了什麼，做出什麼樣的行動。

若是決定了辭去現今的工作，換到另一家公司去，命運就會改變。只要決定好現在是不是要和這個人結婚，命運就會改變。

未來不是處在過去的延長線上。只要決定自己要變幸福就好。因著這樣的選擇，人生就會改變。人生中有無限的可能性，能打造出任何未來。只要察覺到這點，就能靠自己自由自在地操控人生。

即便背負著過去或前世，但當下你要怎麼活呢？這都只是在每個瞬間所做出來的選擇。正因為這樣，從現在起的未來，責任全都在於自己的選擇與決定，自覺到這點是很重要的。

同時，我這個教練的職責就是引出各位的無限可能性。

許多人都是陷在自己成見的框架中思考、限縮了可能性而活。

我也曾經被前妻說過是「不如大型垃圾」，是個很沒用的上班族。連我自己都沒想到，我竟然會辭去工作，獨立從事教練的工作。

可是，我從「不如大型垃圾」的狀態，前進到了經營好幾間公司，不雇用員工，單靠講座事業達成了業績八億日幣。擁有許多粉絲、有人因為我從事的教練事業而歡喜流淚，也帶給了許多人歡樂。正因為有這樣的經驗，所以我才希望能讓更多人盡早察覺到：「所有人都有多大的的無限可能性。」

把人生不順利歸咎於是過去做過的事或前世的錯是很簡單的。但是，我再重複一次，不論過去如何，都會因為當下你有沒有下決定「自己要這樣做」而能極大地改變人生。

比起陷於過去而讓現今感到痛苦，希望大家更要專注於該怎麼活在當下，努力打造期望的未來。你也有這分力量的。

■統整

・人生是不斷的選擇，由選擇了什麼、如何行動來決定。
・要想大為改變人生，只要做出大決定就好。
・雖然宿命改變不了，但命運能大為改變。

■練習

問題❶　為了讓人生有更大的發展，你想做些什麼挑戰？
問題❷　為了進行挑戰，從今天起可以去做的事有哪些？

法則5　行動法則

只要不行動，現實就不會有任何改變

要實現願望最重要的事

正在學習吸引力法則的人中，意外地有很多人都對之有所誤解。

例如只要每天都心情很好就會實現夢想，或是只要做冥想就會發生吸引力等。此外也有人深信著，只要每天唸誦著肯定自我的話語，就會引發吸引力法則。

可是，不論心情有多好，不論如何想像，不論如何肯定自我，**只要沒去行動，就不會有任何改變**。

例如在咖啡廳只是想像著冰拿鐵就能點餐嗎？在咖啡廳單只是想像當然不能點餐。若沒有點餐「請給我冰拿鐵」，就無法獲得想要的餐點。

另一方面，不論如何點餐冰拿鐵，只要不去做「喝冰拿鐵」的這個動作，也無法實現喝冰拿鐵的這個夢想。也就是說，在思考、言語、行動中，行動可以說是**最重要的**。

當然，想像、化為言語與肯定自我在改寫潛意識上也是有效的，但那是為了改寫潛意識、改變行動而進行的。人會因百分之九十五的潛意識而行動，所以若不改變潛意識，行動就不會改變，亦即現實就不會改變。

為什麼行動才是最重要的呢？

那是因為，在思考、說話、行動中，行動的能量最高，能給出最大影響以改變現實。

例如，各位可以想像長頸鹿嗎？任何人都能做到這點吧。大家也能說出口：「想看長頸鹿。」那麼，若是將長頸鹿從動物園帶來呢？瞬間就變難了吧。

就像了解這件事一樣，即便能做到「想像」「化為語言」，一旦要付諸行動，就會格外提升難度。完全是「說來容易做起來難」。

在這層意義上，想向某人表達感謝時，只在腦中想著「謝謝」、用話語表達出「謝謝」，以及做出行動、表達出感謝的心情中，最能表現出對對方感謝之意的就是行動了。

這是因為行動與思考、話語相比，思考是能量最低的，其次高一點的是話語，而行動則是能量最高的。

也就是說，**行動能量＞話語的能量＞思考的能量**

我們可以這樣來表示。

有行動力的人，可以說行動速度很快，能量很高。能量愈高的人愈有現實化的能力，能陸續實現願望。想像並將之化做語言，是提高吸引力的第一步行動。

實現願望的三步驟

就像這樣，要實現夢想可以分為三大步驟。

①帶著臨場感想像。

②明確地語言化。

③下決定並採取壓倒性行動力。

只要實踐這三個步驟，真的是不論什麼夢想都能實現。

想像在量子力學的世界是波的狀態，依著將想像言語化，就會從波變成粒子，而依著壓倒性行動力，就能實現夢想。

以我的情況來說，自我在筆記本上寫下：「一個月內要斬獲最棒的理想戀人。」後，真的就在差不多一個月後吸引來奇蹟似的聯誼，遇見了現今理想的妻子。只花了一個月就能吸引來最棒的理想戀人，也吸引來了幸福的婚姻。

為什麼只花了一個月就能吸引來理想的戀人呢？

那是因為做出了想像嗎？

還是寫在了紙上呢？

當然，這些我都做了，但**最首要原因還是因為壓倒性的行動力**，讓我幾乎每週都會去到會遇見人的場所或參加聯誼。

只有壓倒性的行動力能給予實現夢想或目標最大的影響。

〔實現願望的三個步驟〕

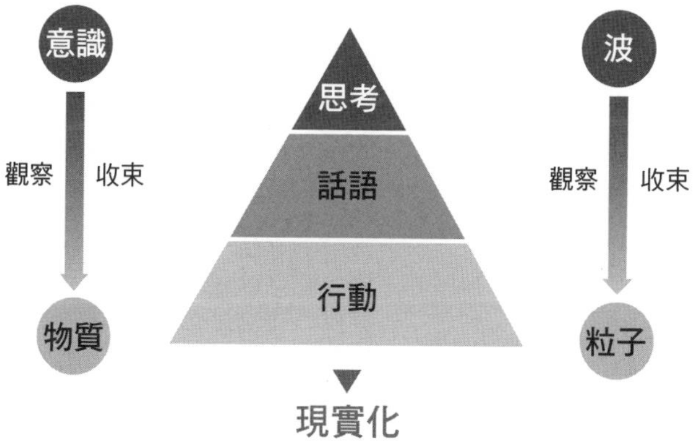

可是，人總是難以做出行動也是事實。即便想著要減肥，卻總是不運動，也無法節制飲食。應該也有人是雖然想要結婚，卻怎麼都不去進行婚活的吧。

這是因為有很多人不論怎麼用頭腦思考，都會受到潛意識的影響而無法做出與理想結果相關的行動。我也是想著要減肥，但若面前有點心零食，就會立刻吃掉。處於戒不掉、停不下的狀態。也就是說，不論怎麼用頭腦思考，人總是難以逃離潛意識看不見的力量。

該怎麼提高行動力呢？

那麼，為什麼人無法隨自己所想持續行動呢？

那是因為人是依著百分之九十五的潛意識而行動的。即便大腦非常知道行動很重要，人還是會受潛意識影響而維持現狀。

即便想著要減肥，在潛意識中，只要對減肥有著消極的想像，像是「減肥好痛苦」「運動好麻煩」等，就會在無意識下選擇不減肥。

有沒有很多人都是即便想著行動很重要，卻就是無法做出行動的呢？

在此揭示無法做出行動的人的特徵。

- 即便大腦知道，也提不起幹勁。
- 因著行動而生出不安或恐懼。
- 在意旁人的目光而無法行動。
- 只想著失敗或風險。
- 不知道因著行動能得到什麼好處。

那麼，要怎麼做才能行動呢？

以下將告訴總是無法行動的人可以改變行動的四個步驟

1 寫出因著行動能獲得的好處

例如，對無法減肥的人來說，寫出因著減肥會有哪些好處：

- 只要減肥下來變苗條，就能穿上想穿的衣服。
- 只要減肥，身體會變輕盈，容易行動。
- 只要減肥，就能受異性歡迎，與理想的伴侶結婚。
- 若減了肥，就能變健康且精力充沛。

2 寫出因為不行動而生出的壞處

例如寫出若沒有減肥會有什麼樣的壞處：

- 體重增加，身體變重。
- 無法穿上喜歡的衣服。

・體脂肪率增加，變得肥胖。
・罹患糖尿病，身體動彈不得。

3 想像因為不行動而產生出的最糟狀況

想像在 2 中寫出的壞處，而且是想像最糟的狀況：

・體重高達三百公斤，一坐上馬桶，屁股就無法從馬桶蓋上拔出。
・一進入浴缸，浴缸的水就全都漏了出來，無法泡澡。
・身體過重，無法從床上起來。

4 想像因著行動而獲得最棒的明亮未來

試著想像在 1 中寫出的好處，而且是想像光明的未來。

想像身材變苗條了，受到異性歡迎，和理想的伴侶開心去約會等。

如何呢？是否有因為想像著行動後的好處、壞處而湧起想要去行動的心情了呢？想行動卻無法行動的人，請務必試著進行這些步驟。

■統整

- 思考、話語、行動之中，擁有最高能量的就是行動。
- 若不發揮壓倒性的行動力，現實就完全不會改變。

法則
6

焦點
法則

只要專注在一點上，就會加速實現願望

以最短時間、最快速度實現夢想的方法

世界上有著能陸續實現夢想的人，也有人是難以如自己所願實現夢想的。大家覺得，陸續實現夢想的人與無法實現的人之間有什麼不一樣呢？

那就是思考、言語、行動的向量不同。

總是無法將夢想現實化的人，是思考向量、言語向量、行動向量都分散不統一的。簡單來說就是，平常的想法、說的話、做的事都分散不統一的人，無法隨自己所想讓事物現實化。

例如假設一邊想要和A結婚，一邊也想著要和B結婚而求了婚，但實際上卻是和C舉行了結婚典禮，這樣的情況大家覺得如何呢？很混亂吧（笑）。或許也有人會覺得是陷入了混亂的戰場，但因為依舊是行動的能量最高，所以與C結婚的現實世界機率就會提升。

另一方面，陸續實現夢想的人情況又如何呢？

他們平常想的事和做的事經常都是一致的。自己宣告說要做的事就會確實去執行。完全就是言出必行呢。亦即，**能在最短時間、最快速度實現夢想的方法，就是經常讓思考、話語、行動保持一致**。

這就是能陸續實現夢想的人和總是難以實現夢想的人的差別，能以燈泡的光與雷射光線來做比喻。

燈泡的光有以下的特徵：

・光線會四射到各方。

・會與各種光的波長混雜在一起，很分散。

・光線前進時攜帶的能量會減少。

另一方面，雷射光的特徵如下：

・光線朝一定方向放出。

・波長是一致的。

・相位（週期）是一致的。

・能量集中度高。

燈泡光線的波長很四散，但只要光的波長與相位是集中的（這就稱為**相干態**），就會因為光是集中在一點上的，而能放射出雷射光線。該結果就是，雷射光線可以燒斷堅

〔燈泡的光與雷射光線的不同〕

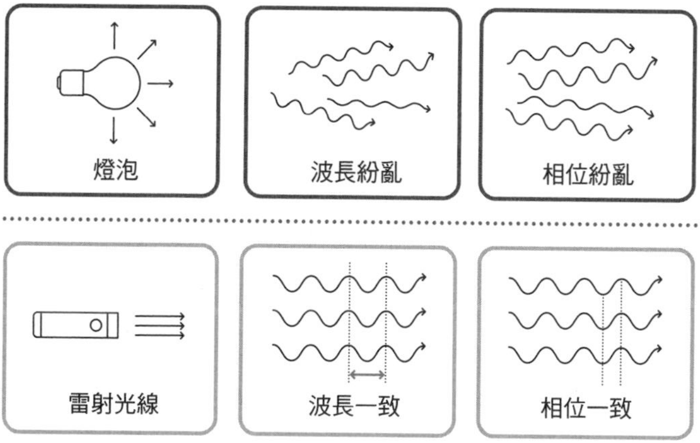

硬的金屬。

人生無法如所想般前進的人，是不是對什麼都出手，能量是很分散的人呢？

若不專注於開始的事情上，而是對其他事情出手，想要同時處理多數的事情，就會像燈泡那樣，波長紛亂，事情無法如願進行。另一方面，只要集中一點在自己真心想做的事情上，就能像雷射光線那樣，在最短時間、以最快的速度實現願望。

例如，奧運選手為了出賽奧運、獲得金牌，會每天努力練習，因而能在比賽中發揮本領，實現夢想與目標。和異性交往時也一樣，若同時與多數人交往，能量就會分散，說不定就難以達至結婚（笑）。

如果要用最快的速度實現夢想，就必須像雷射光那樣，讓思考能量的頻率、話語的能量頻率、行動的能量頻率全都一致，成為相干態。

思考、話語、行動的能量是不一樣的

而且思考、話語、行動也有能量，因著各自能量程度的不同，事物現實化的速度也不一樣。

思考也有「想著要做些什麼的人」「持續想著要去做的人」，以及「決定要認真去做的人」，這些思考的能量都是不一樣的。

在話語中也有「說著想去做的人」「持續說著想去做的人」，以及「宣布要認真去做的人」，這些話語的能量也不一樣。

行動中也有「真正去做的人」「持續去做的人」，以及「直到做出結果前都不放棄的人」，這些行動的能量也都完全不一樣。

例如，總是結不了婚的人或許就只是想著「真想結婚啊」而已。

如果認真做下決定要在三個月以內結婚，就要向朋友與家人宣告：「我要在三個月以內結婚！」去參加聯誼或婚活派對、拜託朋友介紹適合的人，只要持續行動不放棄，就會一口氣提升能結婚的機率。就像這樣，思考、話語、行動經常都保持一致的人，將能成為陸續實現願望的頂尖百分之三的成功者。

那麼該怎麼做才能提升能量層級呢？

那就是不論任何事都聚焦在一點上，專注心力。

像這樣聚焦在一點上的狀態，心理學中就稱之為**心流狀態**。一旦成為心流狀態，大腦內

〔自我實現的能量程度〕

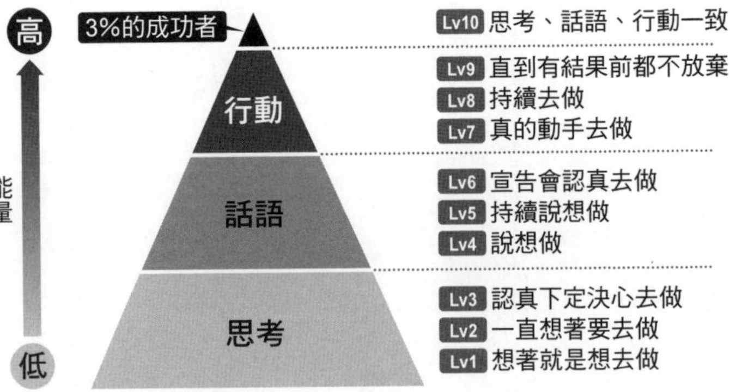

的專注力就會提升，據說將能發揮出出類拔萃的表現。

心流這個詞，是來自於出身匈牙利的美國心理學者奇克森特米哈伊・米哈伊（Mihaly Csikszentmihalyi）所提出的心流理論。心流指的是：「幾乎忘了時間，完全專注地進入到對象中的精神狀態。」

你在人生中是否也有體驗過心流呢？

也就是說，那是一種埋頭專注於某件事中而忘了時間的經驗。

例如或許是熱衷於玩遊戲而經過了好幾個小時，或是一個人埋頭於看書中，不知不覺就天亮了。

各位知道《露西》這部科幻的虛構電影嗎？

這部電影的故事講的是名為露西的主角開發了潛在的能力，擁有了超過人類智慧的力量，但我也有過完全就像那部電影主角般衝擊性的心流體驗。

我在某天早上五點左右起床時，從尾骨附近突然有能量「咚」的一下流過身體的中心，我張開眼時，覺得四周非常安靜，視力與聽力等五感感覺很敏銳，似乎能和各種東西相連在一起。

我能聽到遠處人們的聲音，也能看見在居酒屋裡拿酒杯乾杯的人的模樣。感覺簡直就像是有了千里眼或有心靈感應一樣。此外也能預知到幾分鐘後的未來會發生些什麼，所以會覺得那時候要是有在投資股票就好了（笑）。進入到宛如能獲得超人力量的深沉專注狀態，這完全可以說是最高級的心流狀態。

進入心流狀態的方法

那麼，要怎樣做才能進入心流狀態呢？

在此來說明一下打造心流狀態的重點吧。

1 保持中性思考

處於心流狀態時，是非常輕鬆且五感很是澄澈、敏銳的。

若有在想著什麼或是為什麼事而煩惱時是不會進入心流狀態的。世界上有一種觀念是認為正向思考很重要，但實際上若過於正向思考，有時反而會帶來負面的影響。

能量最高、最容易進入心流狀態的不是正向積極的思考，也不是消極負面的思考，而是處於中性思考時。**在中性思考中，不會被既定概念或常識所束縛，能俯瞰事物，心理上也會處於平靜、放輕鬆的狀態。**不被「應該這樣做」「應該那樣做」的既定概念所束縛，保持平靜的心情是很重要的。

2 關注現今所有的幸福與富足

所謂的吸引力法則就是察覺的法則。每天都感謝現今所有之物，只要聚焦於現今所有的幸福上，就能提升吸引力。即便認為在每天發生的事中都有所察覺或發現，但也要立刻將之記錄下來或把意識轉向那裡，透過這麼做，潛意識就會改變，吸引力就會提升。

建議可以關注在現今的幸福或能做出感謝的事上。這麼一來，每天就都能感受到共時性，將五感或直覺力提升到容易進入心流狀態中。

3 立刻去做察覺到的事

將察覺到的事情立刻告訴他人或立刻去實踐，透過這麼做就容易改寫潛意識。例如若是想著得要去打掃，就要立刻進行打掃；想著要打電話給誰時，就立刻打電話，**將想到的事立即付諸行動，透過這樣做，潛意識就會變得很乾淨。**

若不立刻去做察覺到的事，潛意識中就會堆積塵埃，難以將想到的事化做現實。一想到就立刻去做，透過這樣的方式，可以說就能專注在事物上，容易進入心流狀態。

以下告訴大家一個魔法的咒語，可以有助立刻去做察覺到的事情。

「現在，立刻行動！」

只要低語這句話幾遍，行動力就會提升，所以請務必試著唸唸看。

4 明確決定好目標，專注在一件事情上

決定好並專注於一個該做的目標或主題上。不要對什麼事物都出手，透過專注在一件事物上，就容易進入心流狀態。

例如將太陽光集中在放大鏡上，聚合那個光的焦點使之照在紙上，能量就會集中在紙上，紙就有可能會燒起來。可是，若失焦，能量無法聚集在紙上，就無法把紙燒起來。與此相同，定下一個目標、專注在一點上，會更能儘速獲得較大的結果。

5 打造能專注的環境

獲得能專注的環境也是非常重要的。若周遭放了很多東西或是有些什麼誘惑，就無法專注處理事情。

我也是想在家進行寫作活動，但有時寫作進度就是難以推進。家中有沙發、電視等，不禁就會躺睡在沙發上，或是開電視來看。因此，為了打造一個能專注的環境，我便借用了事務所，結果進入心流狀態才兩個月，就完成了這本書。果然，打造能專注的環境是非常重要的。

甘地也說過：**「當調和了你的想法、說的話、做的事這三者，幸福就是你的了。」**

只要像這樣，將思考、話語、行動的向量與波長合而為一，進入心流狀態，就會陸續實現願望。

你最想實現的是什麼事呢？

現今最重要的事是什麼呢？

若能專注在那重要的事物上，會有什麼樣的未來在等著自己呢？

只要專注在那重要的事物上，以真正想實現的事物為目標，就能加速實現願望，陸續實現夢想。

決定好並專注在一個目標上，透過這樣做，可以說就能獲得更大的力量。請務必專注在一點上來處理事情。

■統整

- 讓思考、話語、行動的向量與波長一致，就能以最快速度實現夢想。
- 只要提高思考、話語、行動的能量層級，就能加速實現願望。
- 因為專注、聚焦在一點上，就會進入心流狀態，能發揮表現。

■練習

問題❶　為了實現理想的夢想，最重要的是什麼？

問題❷　若專注在那上頭，未來會變得如何？

你是什麼類型的？四種不同類型・實現願望法

自然界中的四種力量

世界上有許多成功法則以及自我啟發的講座，但為什麼還會有能成功的人與沒有成功的人呢？成功的人只有一小撮，而幾乎所有人都是沒有成功的，大家不覺得這現實很不可思議嗎？

我此前已讀過了許多書，也參加過了許多講座，然後發現了一件事。那就是，即便學習的是一樣的成功法則，也是有人能做出結果，有人卻不能的。為什麼明明學了相同的方法，卻會出現這樣的差異呢？

其實，之所以學了相同的事物卻依舊會有能拿出結果與拿不出結果的人，就在於有沒有察覺到成功法則以及實現願望法中也是有不同類型的。就量子力學的角度來說，就是人都有各自固有的頻率。例如不論學了多少，若是用了與自己不合的形式去進行，中途就會碰上挫折而放棄了。不論是多有效的方法，只要不去做就不會有結果。

就像每年都會冒出新的減肥法或美容、健康法一樣，之所以會這樣就是因為沒有所有人都能通用的方法。只要找出適合自己的減肥法或健康法，你就能使用那個方法而成功。

同樣地，即便學了成功法則，之所以有能成功的人與不能成功的人，也可以說是因為取決於該成功法是否與自己波長相合才影響了會不會成功。

雖說肯定宣言的方法是有效的，但即便告訴某人每天唸誦理想的目標，對不擅長做出肯定宣言而感到痛苦的人來說，就只會感受到壓力。此外，雖學習到了想像練習很重要，但也有人是每天只去做想像練習而感受到痛苦，或是不論如何想像也什麼都看不見，完全無法感受到效果的。

那麼，該怎麼做比較好呢？

那就是你必須知道自己的頻率也就是個性，了解並實踐適合自己類型的成功法則或改寫潛意識。

如今已經確認，這個宇宙中有著四種力。

所謂的四種力指的是重力、電磁力、強作用力、弱作用力。

重力是我們最熟悉的廣大力量。重力對所有基本粒子都會作為引力而作用著。而且因為不受遮蔽地作用到無限遠而支配著宏觀世界。重力掌管地球、太陽、銀河系等天體的運行，打造出巨大宇宙的構造。四種力之中，最弱的就是重力。

一般認為，我們被地球所吸引住的重力，是由重力子這個基本粒子的交換在傳導著。重力子沒有質量，所以傳遞到無限的遠方時，強度會與距離的平方成比地減弱，是只處於假設、尚未被發現的粒子。

電磁力是電子以及質子針對電荷的作用力，以及S極與N極等的磁

〔四種力的性質〕

	電磁力	弱作用力	強作用力	重力
強度的對比	10^{36} 很強	10^{28} 強	10^{38} 非常非常強	1 非常弱
傳達距離	∞ 無遠弗屆	10^{-18} 原子核的1/1000	10^{-15} 原子核大小	∞ 無遠弗屆
傳達力的粒子	γ 光子	z^0 w^- w^+ 玻色子	g 膠子	G 重力子

力。我們周遭的摩擦力與張力等也是電磁力的一種。

電磁力中有電力與磁力兩種力。這兩種力乍看之下不同，但其實是同一種東西，這是經由十九世紀後半的英國物理學家詹姆士·馬克士威（James Maxwell）將電力與磁力用一個方程式統整並解釋說明清楚而得知的。這不只是一般廣為人知的靜電或磁鐵的力，在我們日常體驗重力以外的所有力，都是電磁力。尤其是結合電子與原子核而形成原子的力、結合原子而形成分子的力就是電磁力。電磁力傳遞時是透過交換光子。光子沒有質量，只要不被阻擋，電磁力也能傳達到遠方。

強作用力是位在原子中心的原子核中子與質子結合的核力。

強作用力的基本粒子被稱為膠子。膠子的英文是Glue，有膠水、糨糊的意思，所以指的是如糨糊般緊黏在一起的意思。儘管膠子沒有質量，但到達距離仍很短，只在原子核大小的範圍內，日常感受不到。

弱作用力是發射出放射性物質的力，例如β衰變等原子自然衰變時放射出微中子時的力。弱作用力只能在非常短的距離內作用。通常是比電磁力弱得多，所以才叫做這個名字。會在所有的夸克、輕子中作用。

我們已知，這四種力是支配宇宙的力。

而我發現到，這四種力的特性和人類的個性分類非常相似，因而開發出了獨特的理論。也就是說，我認為，人類也能像這四種力一樣分類出四種類型。

四類型人理論

人也有固定的振動數以及頻率，若沒有去實踐與那波長共鳴的做法或成功法則，就難以獲得結果。存在於宇宙中的四種力和人的類型非常相似，我記得發現到彼此一致時，自己是非常興奮的。於是我將之命名為人的「四種類型理論」。

1.電磁力型（Electronic Magnetic Force Type：EM型）

擁有明確的願景，是一有目標就容易行動的類型。

2.強作用力型（Strong Force Type：ST型）

深入分析事物，喜歡探求真理及真實的類型。

3.重力型（Gravity Type：GR型）

非常平易近人，喜歡和大家一團和氣地相處。

4.弱作用力型（Weak Force Type：WK型）

會給人很深的愛、療癒與安心感的類型。

下方的圖是用向量來表現四種類型的各個特徵，而下一頁則是將之條列化。

同時我也製作了能簡單診斷出自己類型的「個性診斷系統」（網頁內容為日文），請務必登錄附在左邊的URL，或掃描QR Code試試看。

https：//ei-infinity.com/4type/

[四種類型理論]

[四種類型的特徵]

EM 電磁力型	ST 強作用力型	GR 重力型	WK 弱作用力型
□注重外觀及設計 □重視效果或結果	□對聲音有反應 □重視分析、計畫	□對體驗有反應 □重視過程、方法	□對體感（氣）有反應 □重視直覺
□說話停不下來 □話題很跳躍（語速快）	□說話謹慎 □說明有邏輯	□說起話來吵吵嚷嚷 □配合氣氛說話	□慢慢說話 □話少
□選穿的衣服很時尚 □重視顏色、設計	□包含 TPO* 在內來選擇衣服 □重視機能性	□選擇獨特的服裝 □重視情感體驗	□用肌膚觸感來選衣服 □重視體感
□會用圖畫或圖表來表現 □想像力高	□用話語做出有邏輯的表現 □擅長寫文章	□用身體來表現 □運動能力很好	□用體感（氣）來表現 □直覺力很高
□用影像或照片來記憶 □會談論未來、夢想	□用文章或語言來記憶 □談論事實、真理	□用身體來記憶 □談論當下	□用體感來記憶 □述說直覺、感受到的事
□有行動力 □很熱情 □目標達成型 □有挑戰精神 □開拓者 □喜歡受人注目	□有思考力 □冷靜沉穩 □有計畫、戰略 □有探求心 □謹慎行動 □喜歡分析資料與邏輯	□有共鳴力 □喜歡享受 □情緒型 □好奇心旺盛 □經常會活動身體 □愛好和平	□有包容力 □深情 □展開型 □體貼 □善於照顧、關心人 □喜歡療癒他人
領導者、經營者、創業家、演員、模特兒、藝人	戰略家、研究者、發名家、評論家、顧問、講師、醫師、科學家、律師	交涉者、業務員、運動選手、登山家、探險家、運動教練、舞者	祕書、支援者、治療師、諮商師、美容師、按摩師
外向的 X 重視目的（陽 X 陽）	內向的 X 重視目的（陰 X 陽）	外向的 X 共鳴型（陽 X 陰）	內向的、共鳴型（陰 X 陰）

* 註：Time（時間）、Place（地點）、Occasion（場合）。

電磁力型（EM型）

特徵是外向的且重視目的。

電磁力的光子（Photon）是以光速在移動，所以與之相同的EM型很有行動力，只要瞬間想到些什麼就會立刻去行動。此外，就像光子撞擊到物體時會反射，因此可以透過視覺來看到一樣，這類型容易透過視覺來清楚理解到圖像、影像。因此在和人說話時，很多時候會一邊看著圖像、影像一邊進行，說話的速度就和光一樣，容易有語速很快的傾向。

會仔細用視覺觀察對方，也會隨時留意旁人怎麼看待自己，所以重視外觀，也有選擇漂亮、時尚服裝，以及顏色鮮豔物品的傾向。

例如若是女性，似乎很多人都喜歡戴大件的耳環或戒指，或是華麗的項鍊。此外也有美甲的習慣。男性則是很時尚又熱情，有很多人都會穿著華麗的襯衫或西裝。

此外，電磁力會擁有像磁鐵的N極及S極，以及質子及電子的正電荷、負電荷，所以這類人面對事情時會有得失計較，或是黑白分明的傾向。與自己價值觀或想法相合的人會如磁鐵般相吸，與不合的人則會相斥。若事情不如己意時會感到不滿，所以容易與人對立，也有容易煩躁的傾向。

這類型同時也是一旦有了未來的願景或目標就容易做出行動，也會一邊挑戰新事物，一邊發揮領導能力。適合從事經營者或創業家，以及站在人前表演的藝人、演員或模特兒等演藝相關的工作。

EM型是以視覺為優先，進行想像訓練以及可視化時，容易改寫潛意識。同時，只要從雜誌上剪下理想的生活方式或想住房子的照片，貼在壁紙或布告欄上每天看著，自然就能改寫潛意識。這種被稱為願景地圖或寶地圖的做法很有名。

此外，這類人一旦有了明確的願景或目標，就會提升他們的動機，更容易做出行動。**關鍵字是行動力、熱情的、挑戰、重視結果。**

強作用力型（ST型）

特徵是內向且強烈重視目的。

強作用力是結合中子與質子的核力，這分力所能達到的範圍也和原子核的大小一樣或是傳達範圍較小，所以這類型人內向且會深入思考事物，或是喜歡探求真理、真實。

擅長以邏輯性思考來想事情，所以若對方在邏輯上有矛盾，就會尖銳地指出。喜歡讀書，也能將自己的想法或理論統整進文章中，擅長以邏輯性方式向人說明。

以聽覺為優先，對聲音很敏感，或是會對人家所說的話有強烈的反應。雖冷靜沉著而話少，但為了實現事情，會進行戰略性思考，喜歡為了達成目標而演練計畫。

與前述的EM型不一樣，不太在意外觀，比起華麗的衣服，更喜歡一本正經又老實的敞領襯衫或西裝。比起自己偏好的服飾，更會選擇符合TPO的服裝。

買東西時，會充分做到分析、調查的比較檢討。例如買家電用品時，會到其他家電量販店去查詢價格，或是會在網路上的比價網等充分比較過價錢及性能後再購入。傾向於在行動前先進行深刻的思考、慎重的判斷。

堅守自己的想法與理論，所以若有人和自己的想法與理論不合，會變得有些批判。此外，因為有邏輯性，可以說性格稍微有些愛講道理。

有遵循規律或規則的傾向，一看到有人破壞規律或規則就會煩躁不安。這類型人會因所有事都依循禮儀、依循規律而活而感到欣喜。因此**關鍵字是思考、分析、探究、發現、誠實、信賴**。

此外，他們很擅長將想法化做語言，會在紙上寫出夢想、目標，也可以將目標數值化並設定目標。例如「二〇二五年三月前要達成月收一百萬日圓」等，會盡可能明確寫出期限與數值。他們以聽覺為優先，對話語又很敏感，透過每天唸誦、大聲說出目標的肯定宣言，或是將唸誦的肯定宣言錄音起來每天聽，就可以輕鬆改寫潛意識。

ＳＴ型的人適合的工作是進行邏輯性思考或分析等的科學家或研究者，抑或是使用話語或數字的工作，以及律師或諮商師等。可以說是適合於追求正確與合理的工作。

重力型（GR型）

特徵是外向的且共鳴型。

重力會與所有物質進行調和並確保均衡。就像重力的這個特質一樣，ＧＲ型擅長與所有人都有所共鳴，在飲酒會上或享受戶外活動時，比起獨自一人，更傾向於喜好與其他人一起行動。喜歡睡覺、飲食等的快樂享受，不擅長認真埋頭於某一件事中。

這類型會因開心、興奮、高興等的感情而行動，即便設定好了目標或是有了明確的願景，若沒有湧現上述的情緒就不會行動。若有有趣的活動或讓人興奮的事，就會開開心心去行動。

他們重視人際關係，很珍惜與人的連結與相遇。喜好調和與有協調性，不會去和人爭，什麼事都想和平解決。

他們不擅長於設定目標或制訂計畫，討厭被某些規定或規則所限制或束縛。這類型會對於能一直自由、開心地玩樂而感到欣喜。

去旅行時，不會在事前制定計畫或做準備，傾向於依著當下的心情自由去到想去的地方。此外也喜歡有創意地創造新東西。

是能使人平靜下來的氣氛調節者，喜歡有趣及好玩的事，所以會被獨特的人或有趣的人所吸引，**關鍵字是共鳴、體驗、協調、創造**。

關於工作方面，他們很重視與人之間的連結，所以適合於與人溝通的業務員或服務業。另外很多人也適合從事要活動身體的運動選手、登山家、探險家、運動教練或舞者等職業。

這類型的特徵是會因為受到他人影響而容易實現夢想。會因為遇見已經成功的人或運氣很好的人而容易改寫潛意識，最好能積極地前往與人有關的場所。

弱作用力型（WK型）

內向且是共鳴型的。特徵是有很多人都是安靜、話少的。

穿衣傾向是外觀看起來輕飄飄系、穿起來舒服的衣服。不太會戴華麗的項鍊或戒指。此外很多人似乎也不會去做美甲。說話方式很閒適，和這類人在一起會給周圍人帶來安心感。

單只是存在，這類型人就能帶給人療癒，是很重視以愛來與每個人接觸的人。會觀察、照顧到對方的心情，所以很多時候旁人都會覺得他們很溫柔。

另一方面，他們有時也會因為過於吸收進對方的情緒而突然哭出來，或是受到對方痛苦心情的影響使得自己也很痛苦。也會一個人想太多而對與人見面感到不安或恐懼，是非常纖細的類型。此外，他們也不擅長與許多人見面，會傾向於一個人在家悠閒度過，或是喜歡親近大自然。

他們不擅長於設定目標或將之化為言語，若有人跟他們說：「明確定下目標吧。」反而有時會感到痛苦。同時也不擅長在人前做出有邏輯性的展示，或是用文章統整自己的想法。

要做出選擇時，總是會用情感或感覺來選擇，若問他們選擇的理由，則回答不上來。

這類人是以感覺或情感為基礎而生，所以若被人用強烈的措辭責備就會感到痛苦。**關鍵字是愛、療癒、調和、同心協力、包容。**

適合從事療癒人或帶給人安心的工作、諮商師或治療師、不用言語的工作、美容師或按摩師、支持人的工作、祕書或支援者。

WK型的人就算做了想像訓練，也是什麼都看不到的類型。他們也不擅長做肯定宣言，所以無法持續。比起想像訓練、目標設定或肯定宣言，他們是遵循自己直覺或感覺而行動會比較容易實現夢想的類型。

此外，進行冥想、重視以自己的步調閒適過生活以及面對自我的時間，就會容易實現夢想。要說結論，最好是什麼都不做，遵循著自己的直覺而活。

你是什麼類型的呢？

我想大家應該已經知道，根據不同類別，改寫潛意識的方法也會完全不一樣。

若能先知道自己的類型，以適合自己類型的方法來改寫潛意識，就容易在最短時間內實現願望。

法則 7

影響力法則

只要改變來往的人，自己的未來也會改變

在這世上運作卻看不見的力

根據萬有引力的說法，所有物質彼此都因為看不見的引力而互相拉扯。例如桌子與杯子之間也有眼睛看不見的引力在作用著，你與你的家人間也有看不見的引力在作用。所謂的萬有指的就是所有的東西。

也就是說，宇宙中的所有東西，像是地球與月亮、銀河系與星球等，各種東西之間都有引力在作用著。在電子與質子等微觀世界中也同樣有引力在作用著。

而且這個引力的大小是與物體的質量成正比，與彼此的距離平方成反比。也就是說，愈是像地球這樣質量大的物體，引力愈大；愈是像豆子那樣質量小的東西，引力就愈小。此外，兩個物體的距離愈近，引力就愈大；距離愈遠，引力則愈小。

同時，在電子等微觀世界中也有相同的法則。

那就是庫侖定律。這個法則指的是，帶正電的電荷與帶負電的電荷交互作用時，庫倫力的大小是與兩電荷的乘積成正比，與距離的平方成反比。

就像這樣，庫倫定律與萬有引力法則兩者，都是與距離的平方成反比，這就是被稱做「平方反比定律」在作用著。這點和電磁波的能量也是一樣的。

例如使用微波爐時，雖會放射出電磁波，但這個電磁波也是與距離的平方成反比，會削弱它的影響。使用微波爐時，若不想受到電磁波的影響，最好盡可能遠離。

人類的四周也有電磁場的能量。

我想，電磁場的能量場一般是不是被稱為氣場呢？構成人體的原子中有著無數個電子這個帶著負電荷的基本粒子在作用著，因著這個電子的活動就產生出了電磁場。這應該可以定義為是氣場吧。

因此，應該也可以說平方反比定律是同樣適用於人際關係的吧。人會受到最親近的人的影響。平時和誰來往？和誰一起共度？都會因為這些人而改變想法、價值觀甚至是習慣。

像是這樣的法則就稱為「影響力法則」。

可以說，人的影響力能量大小，會與該人所學的事物與經驗成極大的正比，與來往的人的距離成反比。

也就是說，萬有引力法則所說的質量可以譬喻為就像是人類的學習或體驗。學習許多事、有過許多體驗的人，可以說那樣都會給予人影響力。發出知識或資訊訊息的ＳＮＳ網紅完全就是有影響力的。

此外，與人的距離成平方反比，指的是**人會受到最親近的人所影響**。例如若是周遭的朋友都是陰鬱又不開朗的人時情況會如何呢？不論你的性格多開朗，也會因為周遭朋友的影響，而使得性格漸漸變沉悶起來。

反過來說，若周遭朋友的氣場都是開朗又熱情的呢？即便你是沒有精神的時候，只要和他們一起度過，或許就會提振精神。

亦即，從這個「影響力的法則」中可以知道，**人生要成功，最重要的就是「與誰來往」**。

人為什麼會受到影響？

那麼，人為什麼會受到身邊的人所影響呢？

那是因為人的大腦中有著名為**鏡像神經元**的神經細胞，據說和這個有著極大的關係。

鏡像神經元是由義大利帕爾馬大學（University of Parma）賈科莫・里佐拉蒂（Giacomo Rizzolatti）等人的研究團隊於一九九六年所發現的，**這種神經細胞是在看著他人的行動時會宛如自己也做出行動般，像鏡子那樣做出反應。**鏡像神經元的別名也被稱為是模仿細胞。

例如

- 打呵欠會傳染。
- 口頭禪會傳染。

・嬰幼兒會模仿並記憶語言。

像這些都被認為是與鏡像神經元有關。

鏡像神經元是就算我們沒有刻意去留意也會主動進行模仿。也就是說，與自己的意志無關，人們會受到交往的人或環境的影響。因此不論多期望能改變自己，可以說都會被現在的環境給牽扯住。

可是反過來想，只要善加利用鏡像神經元，就可以主動將自己雕塑成理想人物。找出接近自己想達成願景的人物，只要置身在有這些人聚集的環境中，自己就會開始轉變成像那些人一樣。

因此，**要成功就必須慎選身邊來往的人**。若想成為有錢人，就要去和有錢人來往。

如果想賺到年收一億日幣以上，就要盡可能去見能賺年收一億日幣以上的人。如果想要變健康，就要去和健康、有活力的人來往。

如果想變得有魅力，就要和有魅力的人來往。

面對美人、好看的人、有魅力的人，人自然會被看不見的力量所吸引。而只要和這些人來往，你自然就會變美、變好看、變成有魅力的人。

你一般都和什麼樣的人來往呢？

在你周遭，誰是最會帶給你影響的人呢？

是家人嗎？

是伴侶嗎？

當然，因為和家人或配偶在一起的時間比較長，所以一定會受到他們的影響。可是有一個很大的存在是絕對不可以忘記的。

最靠近你身邊的人是誰呢？

那就是「你自己」。

二十四小時、三百六十五天，你都在和你自己來往。

你的想法、你所發出的話語、你平常的行動及習慣，是最會影響你的。

那麼，接下來的這一輩子，你要怎麼和你自己交往呢？

據說人一天會進行六萬～七萬次的**內部對話**。

內部對話也可以說是自我對話，是在自己大腦內的喃喃自語。例如像是「真累啊」「好餓喔」「今天要來做些什麼呢」這樣，人會在大腦中做出各種自言自語。像這樣的自言自語每天都會印進去你的潛意識中。

如果進行了消極的內部對話，該話語就會影響到潛意識，也會限制住你的行動。**改變這個內部對話是在實現你願望時很重要的一件事。**

實現願望的五個重點

「影響力法則」是要實現願望的必需項目。接下來我會告知大家五個重點。

1 慎重選擇來往的人

人會受到身邊最親近的人的影響，和誰度過怎樣的時間是非常重要的。

例如如果想辭去領有薪水的工作創業，就算和身為上班族的同事討論，也有很高可能性會受到另一方的否定，像是：「創業很危險喔」「有風險，所以最好不要做」，這樣是不太有意義的。最好還是去找已經創業成功的創業家或經營者商量。

尤其「結婚對象要慎選！」因為結婚對象是僅次於自己最親近的存在。這是從我人生經驗中獲得的教訓。

2 不要說否定式的話語

對自己來說，最親近的存在就是自己本身。會因為平常說些什麼話而帶給自己的潛意識很大的影響。最好是盡量避免去說些消極的話語、否定的話語或是自責的話語。

3 讚美自己或他人

讚美自己和讚美他人幾乎會給予潛意識同樣的影響。褒獎他人、讚賞他人的話也會輸入進你的潛意識中，可說也會帶來正面的影響。盡可能不要在背地裡中傷人或說人壞話，留心去讚賞人吧。

4 仔細查證資訊後再採用

人會受到最親近者所影響。那不只是人，連平常接觸到的資訊也一樣。若是看到了消極負面的新聞或資訊，就會影響到潛意識。在工作上必要的資訊或為了提升生活所必需的資訊是還好，但還是要盡可能仔細查證，採用真正必要的資訊。

在電視、媒體、網路上的文章等也都有會帶給你負面影響的資訊，去找出並採用對自己來說有正面影響的資訊吧。因為吸收的資訊會輸入進你的潛意識中，影響你的行動。

5 注意是向誰學習

讀書、參加講座學習，這對精進自己來說非常重要，但當中最重要的是「向誰學習」。

若是向難吃拉麵店的店長學做拉麵的方法，那情況會變得如何呢？

才剛開始打高爾夫球就卻向外行者學習，情況會是怎樣呢？

也就是說，若是想成功，建議要盡可能向該領域的頂尖好手或是被稱為「〇〇之神」的一流人士學習。

從「影響力的法則」中，各位應該有獲得了能擁有更好生活的提示。請務必去實踐以獲得理想的人生。

■統整

· 人會受到身邊的人所影響，和誰交往就是成功的關鍵。

· 最親近自己的人就是「你本身」。

· 平常接觸的人、資訊、話語都會影響你的潛意識。

■練習

問題❶ 對你來說，理想的自我形象是什麼？憧憬的成功者是誰？

提問❷ 要怎麼做才能接近那個理想？

法則
8

陰陽
法則

只要接受了負面消極，一切看來就都會是沒問題

成功是靠自我形象決定的

各位覺得，要成功，最重要的是什麼？

那就是提升自我形象。

自我形象就是對自己抱持著怎樣的想像。例如若有著「不擅長在人前說話」的自我形象，就真的無法在人前說話；若有著「工作上總是失敗」的自我形象，在工作上就真的會失誤連發。你對自己有著怎樣的想像，會大為影響到你的工作及私生活。

此外，若有著「不受異性歡迎」這樣的負面自我形象，就無法積極地向異性搭話或約會，結果或許就真的難討異性喜歡。

那麼，是不是只要改變自我形象就能吸引來成功呢？答案是YES。

這從量子力學來說就是自我形象是自己所發出的氣場，所以可以說，只要改變自我形象，氣場就會改變。

而且自我形象也是自己所發出的能量。我們可以用公式表示出能量與頻率的關係，所以自我形象可以說也能用前述的頻率來表現。

再複習一次以下的公式吧。

$$E = h\nu$$

E是能量，h是普朗克常數，ν是頻率。

也就是說，自己發出的頻率，亦即氣場改變了，與之產生共鳴的現實也會改變。

若每天都受到指責、被起了消極負面的稱號，就會因為話語的能量產生消極負面的情緒，愈漸降低自我形象。為了不降低自我形象，身邊就不要有會使用負面消極語言或否定式語言的人，前面的「影響力法則」中也說過了，最好是不要與這類人來往。

各位有聽過夢想殺手這個詞嗎？

指的就是否定他人夢想與目標的人。

不論你如何述說想實現的夢想與目標，他們都會以否定的方式跟你說：

「那是不可能的吧。」

「做不到的啦。」

「最好放棄喔。」

讓你對夢想或目標的熱情突然降溫。

否定式的話語會對你的身心都造成影響。你若是想實現願望，就最好盡可能不要和會說這些否定式話語的夢想殺手說自己的夢想及目標。

即使是消極負面的思考也能提升自我形象的方法

那麼，要怎麼做才能提升自我形象呢？

那就是接受沒用的自己。

你喜歡自己嗎？

回答：「我最喜歡自己了！」的人，就已經具備了獲得幸福與富足的條件。回答有討厭自己的部分、因為有討人厭的性格而無法喜歡自己的人，首先必須要變得能喜歡、愛自己。

應該也有人會回答：「就算這麼說，要怎麼喜歡上自己討人厭的性格呢？明明就有討人厭的部分，所以無法愛自己。」

而且我經常會聽到有以下的疑問：

「我雖然知道正面積極比較好，但怎麼樣就都是會湧現出負面消極的情緒。負面又消極的自己很沒用嗎？」

那麼，負面消極的性格到底是種什麼樣的性格呢？

- 總之就是會想到糟糕的一面。
- 總是會不安或擔心。
- 自己總是做出負面消極的發言。
- 覺得不論做什麼都不順利。
- 總是只看見自己討厭的部分。

若是像這樣的性格，或許就會覺得這樣負面消極的自己是很沒用的。

因為你正被以下的成見所攫住了：

「消極負面很不好。」

「積極正面的生活很重要。」

「一定要經常正面積極而活。」

世界上自我啟發類的書籍中，寫了很多如下的內容：

「興奮、開心地生活吧。」

「活得更正面積極又開朗吧。」

「因為積極正面地過生活，就會吸引來好事。」

可是若將這些說法囫圇吞棗，就會形成「負面消極＝不好」這樣的公式。

那麼，那樣負面消極的性格就真的是不好的嗎？若從結論來說，即便是「負面消極的自己」也都完全沒問題。

首先請試著思考一下，負面消極的性格會有什麼樣的好處呢？

・能慎重思考事情，迴避風險。
・能切合實際地判斷事情，不隨波逐流。
・能在事前做好萬全的準備，迴避風險。

能因此而想到的好處有許多。

例如對經營者來說，負面消極的性格反而能加分。

預先思考風險，做好萬全準備對在經營上的判斷來說是很加分的。對經營者的資質來說，預想最糟狀況並做出判斷反而很重要。

如果世界上全都是些正面積極的人，那會是怎樣一種情況呢？或許反而總是會引起問題。若過度正面積極的思考，有時在時速限制八十公里的高速公路上就會有跑出三百公里的危險。

而且若要舉出正面積極思考的缺點，還有如下幾點：

・橫衝直撞，什麼都不想地就做出判斷或行動。
・無法切合實際地去做出判斷，會隨波逐流。
・過於熱情，讓周邊的人感到不愉快。

此外，不只是負面消極的思考，其他一般被認為是短處的性格也會因看待的方式不同能轉變為長處。

・不認輸 → 死心眼
・易怒 → 情緒表現豐富
・頑固 → 意志堅強
・任性 → 重視自己

就像這樣，轉變看待事情的方式在心理學中就稱為框架轉換。

不論是多氣派的畫，若畫框（框架）很寒磣，畫看起來也會很寒磣。另一方面，不論多寒磣的畫，若加上氣派的畫框，看起來就會是很氣派的畫。

也就是說，乍看之下雖會覺得自己的性格很不討喜，但只要改變看事情的方式，也會有好處，而認為是好的性格就也會有缺點。

用量子力學來闡釋陰陽的法則

我們所居住的宇宙是靠著「陰陽的法則」而成立的。一般來說，陰陽的法則可以用太極圖來表示。白色的部分是陽，黑色的部分是陰。

所謂的陰陽法則就是「森羅萬象都是由陰陽兩種元素構成」的宇宙法則。

這個宇宙的一切事物都是有陰有陽，有陽有陰。有男性也有女性，有光也有暗，有夏天也有冬天。也就是說，若沒有陰，就不會有陽，若沒有陽，也就不會有陰。

在量子力學的世界中，「陰陽的法則」也成立。丹麥理論物理學者尼爾斯·玻爾（Niels Bohr）曾提出過「互補原理」。這個觀念是，彼此相反的東西會彼此互補。

例如我們知道，被稱為物質最小單位的

〔太極圖與「波和粒子」〕

基本粒子中有著「波動性」與「粒子性」兩種性質（二重性）。而且我們知道，沒在觀測基本粒子時它有波動性，觀測到時則有粒子性。

波動性指的是基本粒子有著波的性質。粒子性則是指，基本粒子有粒子的性質。

像基本粒子這樣有著波與粒子的雙重性，就是彼此相反的性質，而這也可以說就是陰陽的關係。

此外，德國理論物理學者海森堡提出無法同時測量基本粒子位置與速度的「不確定性原

〔「不確定性原理」與陰陽的關係〕

理」也是，位置是「靜止」，而速度是「移動」的，像這樣也可以說是陰陽的關係。

而且原子是由帶正電荷的質子與帶負電荷的電子所組成。也就是說，原子是由質子與電子這兩個「陰與陽」所組成的。

宇宙創造也可以用陰陽來說明

同時，關於這個宇宙的創造過程中也有「陰陽的法則」在運作著。

宇宙約是在一百三十八億年前的10^{-36}秒內誕生，在其誕生後的10^{-34}秒這樣極短的時間內，從極小的空間急遽膨脹，當時所放出的熱能量爆發、誕生出大爆炸的火球，然後持續膨脹。這一般被稱為**暴脹理論**。

宇宙就這樣持續膨脹？還是收縮統合呢？還是會如冰塊般穩固不再發展呢？我是認為，宇宙也是和基本粒子一樣處於振動中，預測持續膨脹到或許最後就會收縮為一。

〔暴脹理論與《易經》〕

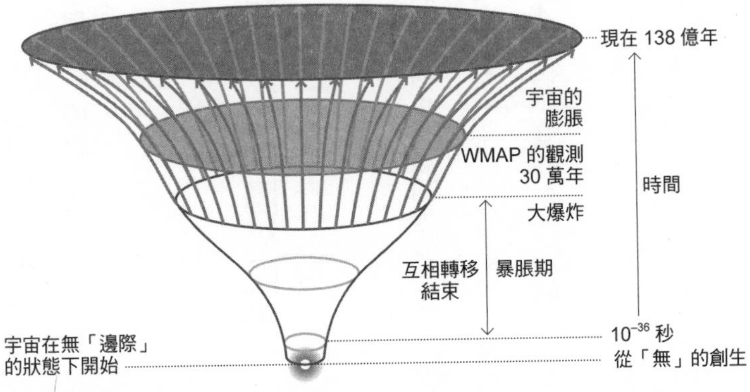
現在 138 億年
宇宙的
膨脹
WMAP 的觀測
30 萬年
時間
大爆炸
互相轉移
結束
暴脹期
10⁻³⁶ 秒
宇宙在無「邊際」
的狀態下開始
從「無」的創生

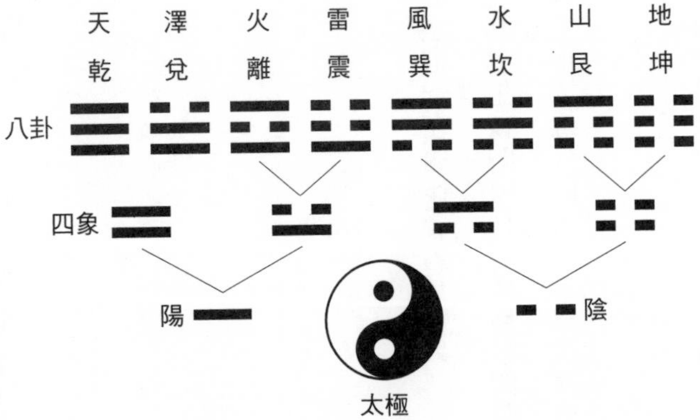
天 澤 火 雷 風 水 山 地
乾 兌 離 震 巽 坎 艮 坤
八卦
四象
陽
陰
太極

像這樣收縮為一的過程就稱做大擠壓。

宇宙創生的過程據說是從重複物質與反物質所導致的**成對生成**、**湮滅**開始。由基本粒子構成的東西稱做**物質**，由擁有與基本粒子相反電荷的反粒子構成的東西就稱做**反物質**。例如若擁有負電荷的電子是粒子，反粒子就是被稱為擁有正電荷的正電子。

而基本粒子與反粒子合而為一消失後就稱為**湮滅**，由光生成基本粒子與反粒子就稱為**成對生成**。

但是，為什麼我們所居住的宇宙中存有物質呢？

宇宙本來是什麼都沒有的空間。這是因為基本粒子與反粒子的數量本來是相同的，基本粒子與反粒子湮滅了，也沒了物質與反物質，所以就什麼都沒有。可是因為某種原因，基本粒子與反粒子的數量失去了平衡，基本粒子的數量稍微多於反粒子後，反物質消失了，只剩下了物質。我們稱像這樣的平衡崩壞為「CP對稱性的破壞」（CP violation）。

例如，若基本粒子是男性，反粒子是女性，請想像一下舉辦基本粒子與反粒子婚活派對的景象。如果男性與女性的人數相同，終會相互配對（湮滅），婚活派對會場中就不會有剩人。可是，若是男性人數多於女性人數的情況，最後無法配成對而剩下的男性，應該就會孤單地留在會場上（笑）。這些剩下來的男性（基本粒子）團體就會形成物質。

物質與反物質、基本粒子與反粒子都是相反的東西，完全可以說就是陰陽整合，在宇宙中誕生出了物質。宇宙創造過程的暴脹理論完

〔湮滅與成對生成〕

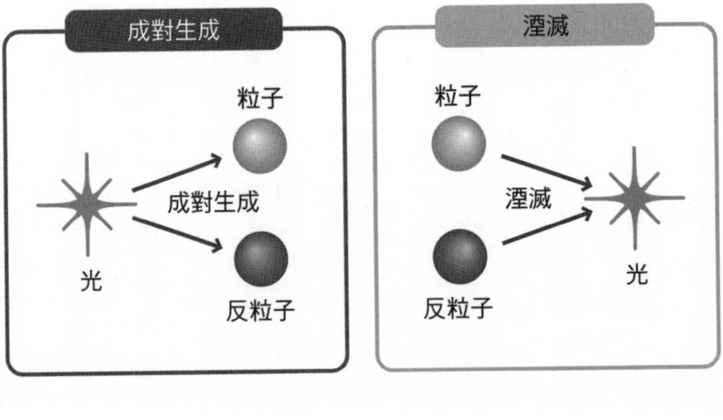

全就與從陰陽而成立的《易經》思想非常相似。

也就是說，構成我們人類的也是基本粒子，與量子力學中「互補原理」一樣，具有陰陽兩種性質就是我們的本質。

不論是誰都不會是完美的人。既有正面積極的一面，也會有負面消極的一面。消極負面雖被稱為是陰鬱，正面積極雖被稱為是開朗，但人有狀況好的時候，也有狀況不好而消沉的時候。

會有「消極負面的部分」是我們居住的這宇宙自然合理的部分，那本來就是無法抹滅的。如果消去了那部分，就會像宇宙誕生前無的世界一樣，你自己就會從這個世界上消失。因為無法消除也無法抹去，就別否定，接受並重視這部分吧。

我一旦這麼說，或許有人會有疑問：「可是若負面消極，波動就會降低吧？」

的確，若從「吸引力法則」的觀點來看，據說消極負面的波動會吸引來消極負面的現象，所以若想要吸引來正面積極的事，說正面的話或做出積極的行動很重要。不過這完全不是說「正面積極很好，負面消極很糟」。

所有事物都是基於保持著陰陽的平衡而成立的。

若沒有男性與女性，人類就無法存續下去。如果世界上只有男人會怎麼樣呢？會很奇怪吧。男女雙方都是必要的。

同樣的，今天的日本為何是如此和平的呢？

那是因為過去經歷過戰爭。其實，若是否定了戰爭，連和平也將不復存在。正因為日本人有過戰爭的經驗，才學會珍惜和平、追求和平。若沒有戰國時代，也沒有持續了兩百六十年和平的江戶時代。

自然界中沒有善惡的概念，這個宇宙不會偏向任一方，全都是中性（中庸）的。而這個中庸的狀態其實是波動最高的狀態。不論是積極正面的自己還是**負面消極的自己都不多做評價地接受，這樣中性的狀態才是波動最高、能量最高的。**

不是因為負面消極的自己波動才低，而是因為困在以負面情緒看待那樣消極自己之中波動才低。

在太極圖中，稱處在陰中的陽為**陰中之陽**。此外，將處在陽中的陰稱為**陽中之陰**。也就是說，負面消極的部分也有好處，正面積極的部分也有缺點。

和太極圖一樣，在你之中有你覺得不好的性格，也有好的部分；你覺得是加分的性格則也有令人討厭的部分。

有光就有暗，有男就有女，有山峰就有低谷，有質子就有電子，有物質就有反物質，這

正是這個世界的真理。

漫畫《麵包超人》的作者柳瀨嵩先生曾說過：

「細菌雖是食品的大敵，對製作紅豆麵包而言，若沒有菌就做不成。所以也有助益的一面。也就是說，雖是敵人卻也是友軍，雖是友軍卻也是敵人。善與惡永遠都是邊相互戰爭邊共生的。」

你認為自己好的部分與認為自己不好的部分都是你的一部分，只要明白那是讓你獲得幸福所必要的性格，就能接受、認可、愛你所有的性格。

首先，要接受自己的一切，試著從愛自己開始吧。這麼一來，就會愈漸喜歡自己，自我形象也會提升。

■統整

・這個世界是由陰與陽所成立的。

・只要接受負面消極的自己、愛自己，自我形象就會提升。

■練習

問題❶　你的優點是什麼？你的缺點是什麼？請寫出能想到的一切。

問題❷　若把缺點改說成是優點，會變成怎樣？

問題❸　想像一下「接受、愛消極負面的自己」，你會有什麼樣的感覺？

法則
9

能量法則

給出的能量會從全方位返回

全都是1的原因

各位有聽過迴力鏢效應嗎？

從以前起，自古就有一則教喻，告訴我們對對方所做的事，全都會像迴力標一樣返回給我們。這就是原因與結果的法則。

其實這是自然的法則，在物理學的世界可以用作用與反作用法則來說明。作用與反作用法則指的是，給予東西力量時，會有相同力量在反方向作用。也就是說，這就和拳頭毆打對方時自己的拳頭也會痛一樣。

和傷害對方時自己也會受傷一樣，和向對方說謊時就等同於是在對自己說謊一樣。

反過來說，若讓對方歡喜時，也會有喜悅返回給自己，而且讓對方幸福時，自己也會感到幸福。人生中，要成功就是看你要付出多少。持續讓對方感到喜悅就是成功的祕訣。

我在學生時代曾體驗過能改變人生契機的典範轉移，那就是冥想。

我一邊冥想，一邊探求著「自己到底是什麼？」我不斷自問自答：「如果沒了這手腕，那失去的手腕還是自己的嗎？」「如果頭髮掉了，掉了的頭髮還是自己的東西嗎？」「若頭髮腐爛回歸塵土了，那塊土壤會是自己的東西嗎？」「自己到底是從哪裡到哪裡呢？」

在一連串的自問自答中，我思考著到哪裡是自己、到哪裡又是他人時，察覺到了「一切都是和1連結在一起的」。

這一點只要想像一下宇宙誕生的瞬間就會明白了。

宇宙誕生時，各種生命、植物、動物、人類本來全都是1的能量塊，據說，因著宇宙創造的大爆炸而誕生出了各種物質。從愛因斯坦著名的公式 $E = mc^2$ 中也能知道宇宙創造的能量轉變成了物質，誕生出我們所居住的地球與生命。

這完全就是能實際體驗到「一切都是1，是一體的」。各種東西都是由眼所未見的能量連結在一起的。只要這麼一想，應該就能理解給予對方喜悅的能量，那分波動也會如波一樣傳達返還給自己。反過來說我們也能知道，若給出的是痛苦的能量，那分波動也會返還給自己。

只要明白了一切都是透過能量而連結起來的，自然會看見與自然一起能在這世上活下去的原理、原則。

例如以下就是絕對的真理，是一般的原理、原則。

- 騙人就是騙己。
- 溫柔待人就是溫柔待己。
- 給予別人歡喜就是給予自己歡喜。

・說別人壞話就是在說自己壞話。

為什麼此處全都是與自己有所連結的呢？

因為全都是1，是一體的。

只要明白這個原理、原則，自然就能看見該怎麼活。

你所看見的世界、面對的人（對象），全都是你，是你自己的投影。

人的六個階段

人在達成目的的階段上有六個階段。我稱之為「人的六個階段」，會表現在人理想狀態或想法上的成長。

以下將一一分類、介紹各階段。

■1 Take & Take／不斷從他人那兒奪取的人

持續奪取他人金錢、時間、人脈的人。例如想像一下在百貨公司地下街一直拿取樣品或免費試用品，實際上卻不買商品的人或許就可以理解了。若與這階段的人來往，金錢與時間就會被奪取，即便是一起度過的時間也會覺得是在浪費時間。

■2 Take & Give／從他人那裡獲得就會付出的人

從某人那裡獲得就會返還的人。

例如收到了生日禮物就會回禮的人，或是收到了中元節禮品就會回禮的人。此外，接受服務之後會付款的人都屬於此類。

■3 Give & Take／先付出再獲得的人

先付出某些東西，之後再獲得回禮的人。

例如先給出禮物，之後再收受回禮的人。此外也是先付錢再享受服務的人。

4 Give & Give／不求別人回報，持續付出的人

先付出且會持續付出的人。

不求回報地給予對方期望的東西。例如持續將自己所擁有的資訊、知識、金錢等給予他人的人，或是將自己擁有的人脈持續介紹給他人的人。若金錢上有餘裕，會做為天使投資人，投資事業或公司的人也是會持續付出的人。

5 Give & Forger／持續付出太多，連付出都忘了的人

為了能慷慨地持續付出，連給予人什麼東西都忘了的人。

例如雖會在 YouTube 上持續發布有價值的資訊、有助益的資訊，卻完全不在意這些資訊會對誰、會給出多少幫助，只是一味持續發布訊息的人，以及對於對相關人士及社會做出貢獻就感到欣喜的人。

6 Give & Love／無償給予人愛的人

宛如佛陀或耶穌那樣持續慷慨給予人愛的人。

察覺到這個世上各種存有都是愛，將遇見的人導向幸福，持續給予人無償的愛的人。

那麼，你是處在哪個階段呢？

如果想吸引來更多幸福與富足，請成為不求回報、持續付出的存在。這麼一來，就能獲得幾十倍、幾百倍的幸福與富足。

只要提升了階段，就能吸引來富足

那麼，為什麼每一階段的吸引力都不一樣呢？為什麼只要提升了階段就會變富足呢？

原因是，持續付出的人是能量很高、有影響力的人。只要持續給予人好的影響，自然就能吸引來富足。

人就本質上來說可以分成：

・選擇愛而活的人。

・選擇不安與恐懼而活的人。

Take & Take的人懷抱著不安與恐懼，所以無法對人付出。

以對金錢或生存感到不安等焦慮與恐懼為基礎而活的人，心靈沒有餘裕，所以為了消除那樣的不安與恐懼，就會刻意去從他人那裡獲得或搶奪些什麼。

〔人的六個階段〕

另一方面，處在Give & Give以上階段的人，擺脫了不安與恐懼，是以愛為基礎而活，心靈自然會產生出餘裕，會注意到給予對方喜悅而活。在這階段的人會在無意識中自問自答：「要怎麼做才能讓人更開心？」「要怎麼做才能讓對方變幸福？」自然地就會做出讓人感到歡欣或感動的行為。

也就是說，要能在Give & Give以上階段生活，就不要去關注不安或恐懼，必須以愛為基礎來行動。

若能帶著愛去做任何事、對所有人都以愛相待，自然就能吸引來幸福與富足。

■統整

・一切都是1，是一體，是透過能量連結在一起的。

・若給予對方喜悅的能量，就會有喜悅的能量返還給自己。

・不求回報、持續慷慨付出的人，自然會變富足。

法則
10

中庸
法則

生活平衡，運氣與幸福就都會放大

真正的幸福是成立在平衡之上

對你而言，「幸福」是什麼？

對你而言，「成功」是什麼？

話說回來，你知道「幸福」與「成功」的不同點是什麼嗎？

「幸福」是能獲得的情感。

喜悅、快樂、富足等，有這些正向情感時就是幸福的吧。因人而異，或許有人與家人在一起快樂生活就是幸福的。或許有人吃到美食時就會感到幸福。

另一方面，「成功」是能獲得的成果。若實現了夢想或目標，就可以說是成功了。有人認為，在馬拉松比賽上若獲得了第一名就是成功，但也有人認為，只要能跑完全程就是成功了。有人認為，若能買下高塔公寓等想住的家就是成功，但也有人認為，只要達成了年收一億日幣就是成功。

其實，不論是「幸福」還是「成功」，都能用量子力學來說明。

「幸福」是能獲得的情感，所以是眼睛看不見的，可以說，在量子力學中就擁有無法觀測的波的性質。另一方面，「成功」是能獲得的結果，所以是眼睛所能看見的，也就是說，可以看成是擁有粒子的性質。

基於這樣的概念，那麼，要成為幸福的成功者又該怎麼做呢？

要成為幸福的成功者，就必須均衡地獲得幸福與成功。

世界上有人雖然每天活著都覺得很幸福卻沒有獲得成功，也有人獲得了成功卻不覺得幸福。其中原因就是出在均衡與否中。

人生的八根柱子

在此我要介紹一下我所教導的方法其核心部分。首先最重要的是「人生的八根柱子」。

我認為，讓這八個要素保持平衡，就是能引導該人前往幸福與成功的重要因素。

具體來說，人生的八根柱子是「金錢」「工作」「時間」「人際關係」「健康」「心靈（的富足）」「成長」「貢獻」。

例如若是雖工作快樂、充實，卻沒有獲得收入，大家覺得這樣如何？對維生來說很頭痛吧。

那麼工作快樂、充實，也有賺到錢，但人際關係不好，對健康也造成不良影響，這樣又如何呢？

不論工作多快樂、多賺錢，若人際關係不好，也有害健康，就無法感受到幸福吧。

那麼，若能開心工作、能賺到錢、人際關係良好、時間上很寬裕、心靈富足、每天都有成長也每天都能做出貢獻呢？

這是最極致的幸福吧！

如同從這個例子中所能得知的，要獲得幸福與成功，最重要的就是讓人生的八根柱子各自保持均衡並成長。不論是偏向其中哪一個都不可以。

所有事都是平衡最重要。這就同於儒家所說的「中庸」的思考。「中庸」這個概念是孔子所說最高的「德」，「中庸」指的是打造出一條不偏不倚的「中」道。

過於投入工作或遊樂都不好，吃太多或太少也不好。任何事都不要做得太過，差不多剛剛好就好。

〔人生的八根柱子〕

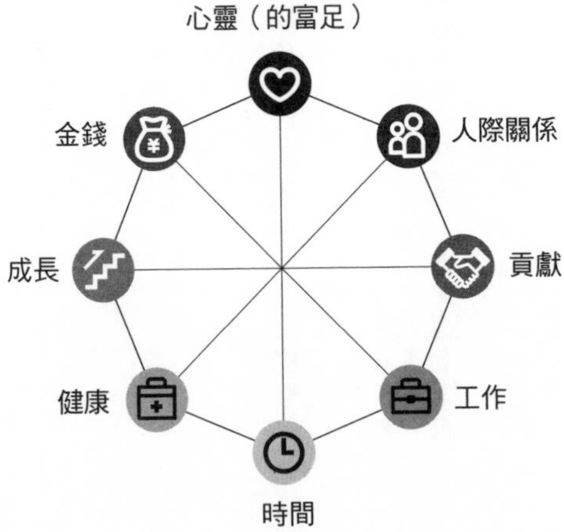

請把人生的八根柱子想成是車輪。如果其中一個偏歪了，車輪就會搖搖晃晃，因而無法順暢前進。要順暢推動事物，重要的就是要滿足好好維持這個人生的八根柱子平衡的條件。

那麼，調整好人生八根柱子的平衡後，又會發生什麼事呢？

首先是自己發出的頻率會改變，氣場的品質會改善，所以運氣就會上升。接著直覺也會變靈敏，能俯瞰事物，遠望一切。好運的人指的就是能均衡獲得幸福與成功的人。

幸福成功者都擁有如孩童般的大腦

人從生到死都會持續在做一件事。

就是持續學習與成長。

這不僅是人，各種生命、植物、動物以及宇宙也都一直在持續進化中。

那麼人該怎麼做才能有飛躍性的持續成長呢？

提示就在宇宙的結構以及量子力學中。

據說宇宙是在一百三十八億年前創生的，但在初期的時候，並沒有氫或氦等原子。

那麼，各種原子與物質是如何誕生出來的呢？

就理論上來說，原子們會互相撞擊而產生出恆星，據說透過核融合就能產生出新的原子。而且原子們也能結合製造出新的分子。例如氫原子與氧原子結合就會誕生出水分子那樣……。

這就像不同的價值觀與思考方式之間相互碰撞，產生出新的觀念與哲學。人在成長的時候就是起因於與自己不同價值觀及思考方式間相互的撞擊。

若認為自己的想法絕對是正確的就會停止成長。認為或許會有比自己想法或價值觀更棒的想法或價值觀時，觀念就會進化，就能持續成長。真正的成功者就是一直在持續成長的「成長者」。

我此前遇見過陸續實現願望的成功人士們都有一個共通點，那就是他們全都是擁有這種資質的人。

那麼大家覺得世界上有誰是能均衡獲得幸福與成功、一直持續學習的人呢？

那就是孩童。

或許有人會驚訝：「什麼？孩童是最接近成功腦的？」

此前，我拜會過許多成功者以及很棒的經營者，我分析了他們的特徵後注意到，世界上的成功者都有完全同於孩童的特徵或性質。

我把這些特徵稱為「孩童腦」。只要擁有了孩童腦，就能獲得以下的好處：

- 受人喜愛，受異性歡迎。
- 能均衡地獲得幸福與成功。
- 沒了煩惱，隨時都能感受到幸福。
- 能穩定心靈，平穩生活。
- 在短時間內成長、飛躍。

只要分解一下孩童腦這個單詞，就能分出「孩童」與「大腦」。

在「孩童」的形象中，我們會認為有著「惹人憐愛」「可愛」的感覺。另一方面，對於「大腦」則認為是有著智慧與智能等的「聰明」或「很棒」的感覺。也就是說，若用一句話來形容擁有孩童大腦特徵的人，那就是均衡擁有如孩童般「惹人憐愛」「可愛」與「聰明」

「很棒」的人。

那麼孩童腦指的是擁有怎樣特徵的人呢？

以下將介紹幾個特徵。

1 總是很坦率

成功者就像孩童一樣，是非常坦率的。坦率的人能持續成長。能坦率接受人們告知的建議或意見的人就能進化。反過來說，頑固的人會過於陷溺在自己的想法中，無法做出變化。

松下幸之助被稱為經營之神，他最重視的觀念就是「坦率的心」。他是只靠自己這一代就能建立起松下電器產業這樣的大企業嗎？答案據說是他會坦率採納工作人員的意見，也會坦率採納顧客的意見。

坦率的人不會說出「可是」「因為」「反正」「做不到」這些話。會坦率地回答：「是的！我知道了！」能改善自己、讓自己成長的人才能成功。

2 總是心懷學習的欲望

成功的人們對於學習是懷有貪欲的。你有多少學習的欲望呢？例如微軟的共同創業者比爾蓋茲就以身為讀書家而知名。據說，他每天平均要花上一小時，一年要讀上五十本書，在他家，有著超過一萬四千本的藏書。

有學習欲望的人會想要吸收新知識、新觀念而喜歡變化。另一方面，沒有學習欲望的人，就不會想要革新、改變自己的想法。如果想要比現今有更大的改變、想要去到新的階段時，請對學習懷有貪念。這麼一來就能找出新的觀點。

3 好奇心旺盛

被稱為成功者的人都有一個共通的特徵。那就是面對事物時，常保如孩童般的好奇心。擁有好奇心指的就是對於眼前發生的事情、對人或物都感興趣，會去探求事物的本質，想從中去學習的心態。若沒有好奇心，就不會想去學習，也不會想求知。若沒有想要學習、想要了解的探求心，人就無法成長。

我此前曾拜會過許多被稱為成功者的大富豪以及經營者，他們無一例外地都對各種事物感興趣，是一直在保持學習的人。

真正的成功者是會對各種事物懷有好奇心，總是不斷學習、持續成長的「成長者」。

以下這句話是以比較極端的方式來表現這樣的情況：

「我沒有特殊的才能，有的只是強烈的好奇心。」

（愛因斯坦：理論物理學者　一八七九～一九五五年）

4 把所有人都當成是老師

成功者會像孩童一樣從各種人身上吸收、學習好的地方。不論多成功，都會謙虛地採用他人的意見或想法。沒有孩童是一副了不起的模樣或有孩童是會擺架子的吧？孩童會把所有人都想成是老師，擺出想跟他們學習的姿態。

世界上的成功者都是非常謙虛的。也就是說，他們會想和遇見的所有人學習，擺出把所有人都看做是師父、老師，想和他們學習的姿態。因為不論是誰，都會有自己所沒有的絕佳知識或想法，有自己所沒有的優點。

那麼，把所有人都看成是老師是怎麼一回事呢？

那並非是指「請把做出非人道行為的人或是很不講道理的人也當成是老師」。如果有做出非人道行為的人或是不講道理的人在，而自己又成為了像那樣的人，那就會傷害到旁人或是被討厭，此時我們可以將之視為反面教材。

有句話說：「以他人的舉止為鑒。」我們確實是能從任何人身上都學到東西的。

5 不做出善惡的判斷

對孩童來說，沒有「應該這樣做」「應該是那樣的」這種既定概念，所以不會去責備他人或是自責。他們不會判斷善惡，也不會因自責的罪惡感所苦。**真正的成功者就是會像孩童那樣，不去評斷事情的善惡，總是「據實」去看待事物。**

6 簡單思考

孩童想事情時總是很簡單。沒有孩童是會為人際關係煩惱的。也沒有會為錢擔心的孩童。成功者幾乎是沒有煩惱的。

世界上成功的商業也是簡單些會進行得比較順利。例如Google搜索引擎服務的搜尋欄位只有一個，提供了非常簡單的服務而大受歡迎。

7 態度自然不矯飾

成功者是像孩童一樣態度自然不矯飾的。孩童面對自己的情感時是很坦率的。想哭的時候就哭，想笑的時候就笑。孩童不會說場面客套話。成功者就像孩童那樣，總是說著真心話而活。這就和老子的境地──「無為自然」的想法是一樣的。

8 去做想做的事

孩童會立刻去做想做的事。若是想睡了，就會立刻去睡；若是想喝奶了，就會立刻去喝。

孩童若是想尿尿也會立刻尿出來。成功者就像孩童一樣，是一想到什麼想做的，就會立刻行動、不會拖延的人。

9 去做喜歡的事

孩童基本上只去做喜歡的事。孩童無法自己穿尿布，也無法用奶瓶泡牛奶，所以都要拜託母親幫忙。不順利的人所有事都想自己來。另一方面，成功者就像孩童那樣，只做喜歡的事。不擅長的事就交給他人，能獲得自由的時間，這就是成功者。

10 不放棄

孩童從爬行到走出第一步為止都不會放棄。從不會說話的狀態到會說話為止都絕對不會放棄。成功者也像孩童那樣，**直到成功為止都不會放棄**，所以才能成功。

各位覺得如何呢？

請設定好孩童大腦的思考方式，讓大腦有彈性些，以獲得幸福與成功吧。

同時，若用量子力學的觀點來談論孩童的大腦，那也可以用基本粒子的波與粒子二象性性質來說明。

例如一個人若太過認真了，就會變得難以接近，但若是說話過於有趣或說得過於獨特，或許反而又會讓人擔心「這個人可以信賴嗎」。其實能均衡擁有認真性格以及獨特性格的人，比較能受人喜愛，能成為幸福的成功人士。

在此，「認真」給人斬釘截鐵的印象，所以擁有粒子的性質；「獨特性」給人不嚴謹的印象，就可以說擁有波的性質。這種波與粒子的二象性狀態完全就是孩童大腦的狀態。

此外，受限於「應該這樣」「應該那樣做」等既定概念或價值觀的人，可以說粒子性很強。另一方面，不受限於既定概念或常識，擁有流動性價值觀的人，則可說是波動性很強。

也就是說，孩童大腦的狀態是既擁有自己的價值觀與信念，卻也有著不過於受到他人價值觀所束縛的彈性思考。

同時，要擁有孩童般的大腦，注意到以下項目的平衡也是很重要的一點。

・帥氣　↕　可愛

・認真　↕　獨特

・自信　↕　坦率

・男性化　↕　女性化

就像這樣，將這些項目保持好平衡地中庸而活，就會變成能均衡擁有幸福與成功的孩童腦。請務必獲得孩童腦，才能不受困於各種煩惱、擺脫執著、走上幸福的人生。

■統整

・只要將人生的八根柱子保持好平衡，就能吸引來幸福與成功。

・人生的根本目的就是持續學習、成長。

・真正的成功者＝成長者，總是持續學習、持續成長的人就會成功。

・只要擁有了如孩童般的大腦，就能成為幸福的成功者。

■練習

問題❶ 如果關於人生八根柱子各別最佳的理想狀態為滿分十分，你做到了幾分？請試著加總各別的分數。

問題❷ 從「人際關係」「金錢」「成長」「貢獻」「心靈（的富足）」「時間」「工作」「健康」這八個觀點來看，怎樣的狀態算是理想的呢？請試著盡可能寫出來。

重點是要盡可能具體寫出。

問題❸ 要讓人生的八根柱子各要素接近理想，具體要做些什麼？

〔人生八根柱子」雷達圖〕

各別的理想狀態為 10 分，試著寫入圖表中吧。

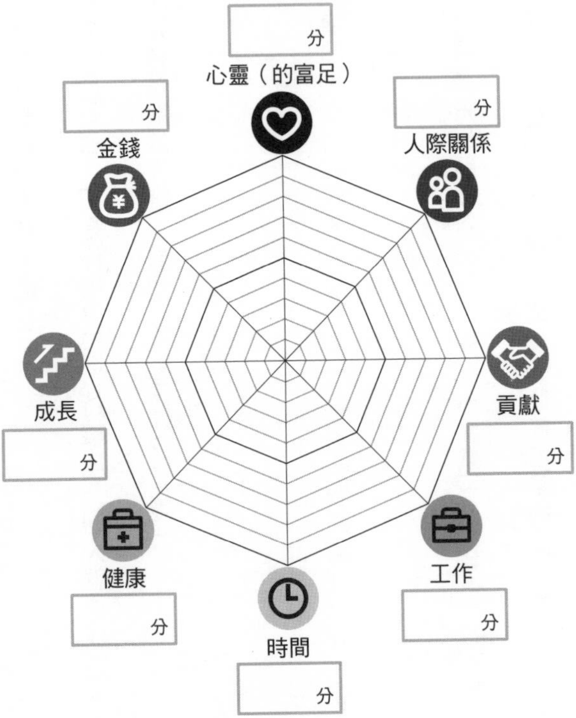

試著寫出察覺到的事、感受、想法

法則 11

目的法則

只要明確人生的目的，就能加速實現願望

人生的目的是什麼？

此前已經說明了十個攻略人生的法則，但最後的第十一個目的法則是加速實現願望的精華，是能提升速度的祕訣。

首先，請試著針對這個問題重新思考一下。

「你人生的目的為何？」

「你是為了什麼而活的呢？」

或許一聽到這個問題就能回答出來的人很少。

「自己是為了什麼而活的呢？」

「活著的目的是什麼呢？」

如果無法馬上回答這個問題，就有可能聽從他人的想法或意見，被周遭的人牽著鼻子走而活。這原因就出在沒有明確貫徹自我的價值觀，或是不知道自己是為了什麼而活。

按照人生的目的而活時，就是明確知道貫徹自我的價值觀或人生任務，遵循著自己的人生使命或願景而活。

讓人生動起來的使命與願景

所謂的使命就是人生的指南針。願景是人生的地圖。是不是有許多人都沒有人生的指南針與地圖，就這樣到處晃蕩、徬徨呢？

明確了解使命與願景，並遵循著那些以貫徹自己的價值觀而活。在此可以用節拍器來比喻，節拍器是以擺錘為中心軸，下降的時候迅速振動。另一方面，擺錘離開中心軸時，則是緩慢振動。

和這節拍器一樣，若是遵循著使命或願景，貫徹著自己的價值觀而活，振動的能量就會提高，行動的速度就會加速。也就是說，面對想做的事，帶著興奮的心情、加快行動速度時，就是貫徹著自己的價值觀而活。反過來說，若持續平靜無波的心情、總是無法行動的狀態，就是沒有遵循著自己的價值觀或心聲而行動。

遵循著使命或願景而活的狀態就是停不了．不停止的狀態，行動的速度會加快到實在無法停止的狀態。

請再一次回顧你的人生，確認是否有遵循著自己的心或靈魂之聲，興奮地活著呢？這麼一來你就會知道自己有沒有貫徹著自己的價值觀而行動。

「其實想怎麼做呢？」

「其實想變成怎麼樣呢？」

「其實想獲得什麼呢？」

只要重複這三個問題，自問自答，或許就能找出真正想做的事。請再一次聆聽自己的心。

在物理學中有一個「慣性法則」。

這若是用人來做例子就會很好懂。

「停止的人會持續停止著。活動的人會持續活動著。」

這就是慣性法則。

你是要繼續停止下去？還是保持活動下去呢？

要想明確人生的願景，明確地回答以下的問題很重要：

- 對你而言，理想的自我形象是什麼？
- 最棒的理想人生是怎麼樣的人生呢？
- 實現了什麼樣的世界後，就是死也無悔呢？

要想明確人生的使命，能明確回答出以下的問題也很重要：

- 要達成使命，就要去實行什麼呢？

・要達成使命，就要付出什麼樣的代價呢？

而能加速實現願望的精髓其實就在於遵循著使命與願景而活。

那麼，要怎麼找出使命與願景呢？

我長年以來都在研究該怎麼做才能讓所有人找出擁有再現性的使命與願景。而我發現，其中的提示就在宇宙中所有的黑洞與白洞中。

黑洞是一個小型的天體，是星星、行星因為壽命的關係逐漸變小，其擁有高密度以及很強的重力，連光線都無法從中逃出。

此外，黑洞的時空會凝縮成一點，這個點就被稱為奇異點。也就是說，黑洞會吸收各種東西，吸引各種東西。黑洞連光線都會吸收，其擁有驚人的吸引力。

而其實，將你此前所有經驗與體驗等的能量集中在一點上，也可說是像黑洞一樣最能提高吸引力。

若用人生來比喻，黑洞就是過去的自己。

而你過去的經驗、學習、知識、智慧等就是可以找出一個人生使命的提示。

在我講座中尋找使命時，會進行盤點過去人生的練習。

例如：

- 你喜歡什麼？
- 你擅長什麼？
- 如果你只剩三天可活，你想做什麼？
- 接下來的五年、十年，你想持續學習些什麼？

・你此前的成功體驗以及失敗體驗有哪些？

在回答這些問題時，共通的事情就與想做的事、使命有關。

那麼，該怎麼找出願景呢？

首先，**願景可以透過在紙上寫出自己真正想做的事、邊創造未來邊去做的事找到。**

「對你而言，最棒的理想世界是什麼樣的世界？」

「對你而言，最棒的理想自我形象是什麼樣的自己呢？」

這些問題的答案就是願景。

如果有無限的金錢、不論花多少時間都有能力做出任何事來，你會想做什麼？或許這個答案之中就有著找出願景的提示。

理論上，黑洞的中心有著奇異點，據說此外還有白洞存在。而我認為，白洞完全就可以用來比喻成是連結理想未來的願景。

要戲劇性地改變人生，首先必須明確地將使命與願景化為言語。如前述，言語中也有量子力學式的力量，會將你的使命與願景化為語言而加速實現事情的力量。

而讓將時間（現在、過去、未來）統合為1的狀態，也就是「現在」，以及將空間（縱、橫、高）統合為1的「此地」遵循著使命與願景而活——如此就能吸引來最棒的理想人生。

也就是說，如何珍惜「現今、這裡」而

〔意識的蟲洞〕

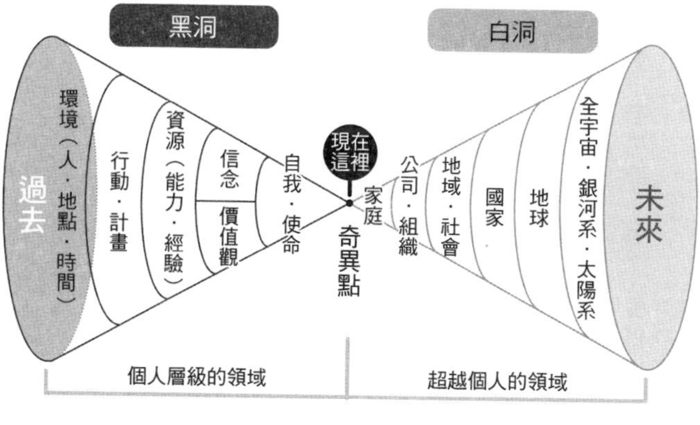

活、如何享受「現今、這裡」，就是讓人生充實的祕訣。

「夢想」與「使命」的不同

「夢想」能量的向量是朝向內側的。

例如「想購入自己的家」「想買車」等個人願望或是關注點為「為了自己」的狀態。另一方面，所謂的「使命」是能量的向量朝向外側的。例如「想解決環境問題」「想打造物質與精神都富足的社會」等社會性願望，或是關注點為「為了世界」「為了人類」。

而就量子力學來說，所謂個人化的願望或「夢想」，一般都擁有表面上看不見的波動性。另一方面，社會性的願望或「使命」是向外部發出訊息的，所以擁有能被他人看見的粒子性。

其實，統合「夢想」與「使命」，也就是以「為了世界」「為了人類」「為了自己」而活，關注點是「志」，就最能發揮能量。「志」是由十・一的心寫成，可以想成是中性的，如同擁有中庸之心的孩童大腦意識。

只要找出結合「志」與「命」寫成的日文「志命」（亦即中文裡的使命），人生就會有極大的飛躍。我人生的目的、「使命」就是「給予全世界的所有人夢想與希望，打造一個所有人都能自我實現的社會」。自從找到了這分「使命」，我的人生就出現了戲劇性的轉變，除了實現了自己的夢想，也能對世界做出貢獻。

你也是，只要明確了使命與願景，找出「志命」，以「現今、此處」為使命而生，就能陸續均衡地實現個人願望與社會性願望。

「你從何處來？為何會在這裡呢？

接下來要去哪裡呢？你能明確回答出這些問題嗎？」

（Roice N. Krueger：將「七個習慣」的研修計畫推廣到全世界，傳說中的教練，《8 Keys to Wealth Beyond Money》的作者。一九四七年〜）

■統整

．只要明確了使命與願景，人生就會飛躍。

．只要統合了「夢想」與「使命」，就能找出「志命」。

．以「使命」活在「現在、這裡」，就能加速實現願望。

■練習

問題❶ 如果你有無限的金錢、無限的時間、能做到任何事的能力，你會想做什麼？請試著把能想到的都寫在紙上。

問題❷ 對你來說，最棒的理想世界是什麼樣的世界？若能達成什麼就死而無憾了？

結語

我在研究所時代進入了機器人的研究室，研究人工智能。在研究人工智能的過程中，開始對人類心理與腦科學感到興趣，因而學習了腦科學、心理學、哲學、宗教學等。

結果發覺到，所有學問的本質中都有個「共通點」，而那個共通點就在我高中時熱中學習的物理學中。

物理學是探究自然法則的學問。

自然的法則因為是稱為「法則」，有再現性，所以是普遍的真理。

而就如同這世界所有的自然法則一樣，陸續實現願望的人都是遵循著共通的成功哲學與成功法則而活，我認為那可以用探究自然法則的物理學與量子力學來闡明，所以將方法與具體的技巧統整成了這一本書。

各位覺得如何呢？

我想大家在閱讀之後，所見的世界是有所改變的吧。

像這樣學習量子力學後，應該就能理解吸引力法則以及思考法則等肉眼看不見的宇宙法則，可以獲得認同感。

人若能認同，意識就會改變，行動也會改變、會去實踐，自然會做出結果。我認為，若是學習量子力學，就能掌握其他許多自然法則以及這個世界的機制，能解開所有的成功法則。

我的使命是「打造一個世界，讓所有人都充滿活力、光芒、喜悅的內在能量」。

所謂的活力就是「活得像自己，活出自我」。
所謂的喜悅就是「知道自己的框架，不斷跨越框架、自我成長」。

打造一個世界，讓所有人都充滿活力、喜悅，並能獲得均衡的幸福與成功——若能成為幫忙實現這種世界的方法，將是我最高的榮幸。

今後的人生若想過得更富足、幸福，該怎麼辦呢？

若各位因著應用量子力學理論以闡明這個世界的各種法則，而能達成「給予全世界所有人夢想與希望，打造一個所有人都能自我實現的世界」這樣的使命、對社會做出貢獻，那就太好了。

我打心底感謝能透過這本書與你相遇。

同時，我發自內心期望著，希望所有人都能陸續實現夢想、獲得幸福與成功，過著最棒的理想人生。

我由衷感謝此前遇見過的所有人，以及此前所有給予我援助、指導的所有人。真的非常感謝你們。

高橋宏和

参考文献

《マーケターの知らない「95%」 消費者の「買いたい!」を作り出す実践脳科学》
A・K・プラディープ/著 ニールセン・ジャパン/監訳 仲達志/訳
CCCメディアハウス

《成功法則は科学的に証明できるのか?》奥健夫/著 総合法令出版

《生き方 人間として一番大切なこと》稲盛和夫/著 サンマーク出版

《7つの習慣——成功には原則があった!》
スティーブン・R・コヴィー/著 ジェームス・スキナー/訳 川西茂/訳
キングベアー出版

《思考が物質に変わる時 科学で解明したフィールド、共鳴、思考の力》
ドーソン・チャーチ/著 工藤玄恵/監 島津公美/訳 ダイヤモンド社

《自動的に夢がかなっていく ブレイン・プログラミング》
アラン・ピーズ/著 バーバラ・ピーズ/著 市中芳江/訳 サンマーク出版

《運気を磨く～心を浄化する三つの技法～》田坂広志／著　光文社新書
《思考は現実化する》ナポレオン・ヒル／著　田中孝顕／訳　きこ書房
《物理のすべてがわかる本》科学雑学研究倶楽部／編　学研プラス
《すごい実験　高校生にもわかる素粒子物理の最前線》多田将／著　イースト・プレス
《叡智の海・宇宙：物質・生命・意識の統合理論をもとめて》
アーヴィン・ラズロ／著　吉田三知世／訳　日本教文社

Note

國家圖書館出版品預行編目資料

改變潛意識，成就美好現實：用量子力學實現願望的11個法則/高橋宏和作；楊鈺儀譯. -- 初版. -- 新北市：世茂出版有限公司, 2022.11
面；　公分. -- (新時代；A29)
譯自：「量子力学的」願望実現の教科書 潜在意識を書き換えて思考を現実化する11の法則

ISBN 978-626-7172-06-3 (平裝)

1.CST: 成功法　2.CST: 生活指導

177.2　111014167

新時代 A29

改變潛意識，成就美好現實：用量子力學實現願望的11個法則

作　　者 / 高橋宏和
譯　　者 / 楊鈺儀
總　　編 / 簡玉芬
責任編輯 / 陳怡君
封面設計 / 林芷伊
出 版 者 / 世茂出版有限公司
地　　址 / (231)新北市新店區民生路19號5樓
電　　話 / (02)2218-3277
傳　　真 / (02)2218-3239（訂書專線）
單次郵購總金額未滿500元（含），請加80元掛號費
劃撥帳號 / 19911841
戶　　名 / 世茂出版有限公司
世茂網站 / www.coolbooks.com.tw
排版製版 / 辰皓國際出版製作有限公司
印　　刷 / 傳興彩色印刷有限公司
初版一刷 / 2022年11月
　　二刷 / 2024年 2 月

I S B N / 978-626-7172-06-3
定　　價 / 400元